JN439996

문득 새떼가 되어

문득 새떼가 되어

초판 1쇄 인쇄 | 2020년 05월 28일
지은이 | 유헌
펴낸이 | 이승훈
펴낸곳 | 해드림출판사
주 소 | 서울 영등포구 경인로82길 3-4(문래동1가 39)
센터플러스빌딩 1004호(07371)
전 화 | 02-2612-5552
팩 스 | 02-2688-5568
E-mail | jlee5059@hanmail.net

등록번호 제2013-000076
등록일자 2008년 9월 29일

* 후원 :
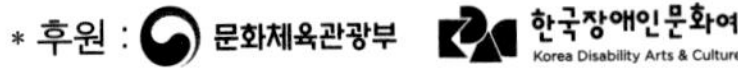

ISBN 979-11-5634-408-7

문득 새떼가 되어

유헌 수필집

소나무 가지에 앉아
나를 쳐다보고 있는
저 까치를 이해하고,
마당의 참새들과도
서로 안부를
주고받으며 살아갈 때
나의 산골 생활 재미는
더 쏠쏠해질 것이다.
자연스럽게 사는 일,
늦었지만 다시
지금부터다.

-본문 중에서

해드림출판사

책을 펴내며

강 건너
보리밭에
눈 설핏
내렸다

풀빛 잉크
뽑아 쓴
펜촉의
버린 문장

오늘도
춘래불사춘,
늘 그랬다
세상은

2020 새봄
강진달빛한옥마을에서 춘설(春雪)을 읽다
유헌

목차

제1부

노을 치마

제1부

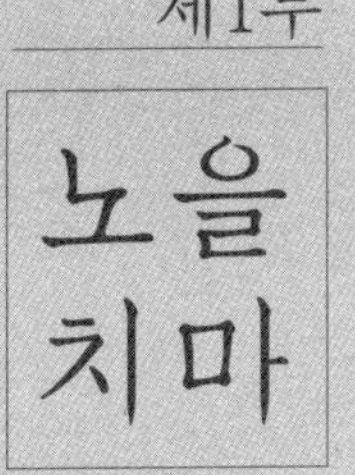

노을 치마

숨 쉬는 돌

푸드덕, 깊은 산속 계곡을 가로질러 새 한 마리가 날아간다. 순간, 돌덩이가 굴러간다. 새의 뒷발질에 놀란 돌멩이가 중심을 잃고 쓰러진다. 구르고 있다.

그는 태초에 물이었다. 바람이었다. 한 줌 햇살이었다. 흙이었다. 아마 그랬을 것이다. 어쩌면 그 이전에는 늦은 밤, 먹이를 찾아 두 눈에 푸른 등을 달고 가파른 골짜기를 오르내렸을 늙은 여우의 발가락이었을지도 모른다. 서해 바다 칠흑 같은 개펄에 묻혀 하릴없는 세월을 보냈을 조개무지의 일부였을 수도 있는 일. 그게 세상 밖으로 나와 햇볕에 그을리고, 비바람에 닳고 닳아 돌이라는 이름으로 태어났을 것이다. 무수한 세월을 건너 먼지처럼 살아오다 돌이 되었을 것이다.

5월의 신록이 경포대 계곡물을 퍼렇게 물들이던 날, 아내와 나는 월출산 바람재까지 등산을 했다. 산등성이에 올랐을 때는 무수한 바람들이 무리를 지어 안개를 펴 나르고 있었지만 이미 눈앞의 구정봉과 저 멀리 능선 너머 천황봉은 사라진 지 오래된 듯했다. 월출산의 백미라 할 수 있는 거대한 바위들을 단숨에 집어삼킨 작은 물방울 쇼의 마력, 능선을 따라 펼쳐진 월출의 장엄한 파노라마를 눈을 감고 바라본다. 그대로 한편의 대서사시가 되어버린 바위산의 우렁우렁한 목소리가 또 한바탕 바람을 몰고 온다.

졸참나무 숲을 옆에 끼고, 갔던 길을 되돌아 내려온다. 계곡은 수 없는 폭포를 만들어 물길을 재촉하고 있었다. 물빛을 응시한다. 물속에 반쯤 잠긴 돌멩이 가슴 사이로 물소리가 지나간다. 아내가 기어이 그 돌멩이를 집어 든다. 모양이 예쁘단다. 하트 모양이란다.

수수만 년 전, 까마득한 세월의 저편에서 이름 없는 산새의 뒷발질에 놀라 쓰러진 그 돌멩이가 바람 부는 대로, 빗물이 흐르는 대로 구르고 굴러 여기에 당도했을까. 긴 여행을 마친 그 돌조각은 어느 날 문득 그렇게 해서 우리집 거실로 걸어왔다. 월출산 경포대 계곡물에 몸을 던져 그 모습조차 알아볼 수 없었던 한낱 이름 없는 그 돌멩이가....

아내는 그 돌덩이에서 숨소리를 듣는다고 했다. 심장

박동 소리가 들린다고 했다. 돌멩이는 숨을 쉬고 물을 먹고 얘기를 건네고 있었다. 아니 아내가 말을 걸고 있었다. 눈길을 주자 심장에 피가 돌고 가슴이 따뜻해졌다. 생명체로 다시 태어난 것이다.

아침햇살이 머리를 쓰다듬자 금방 발그레 홍조를 띠며 다가온다. 구석구석 스프레이의 물세례에 주르르 눈물까지 보인다. 사라진 지난 세월이 못내 그리워서일까. 이제야 알아차린 탄생의 아득한 비밀이 허무해서일까. 이내 창밖 너머 구름발치에 눈길을 주고 깊은 생각에 잠기는 듯하다.

저걸 요즘 말로 수석이라고 부를 수 있을까. 형태나 색채, 무늬 등이 묘하고 아름다운, 관상용의 자연석을 수석이라고 한다면, 눈앞의 이 돌멩이는 수석이 될 수도 없다. 아름답지도 묘하지도 특이하지도 않기 때문이다. 단지 아내의 눈에 특별한 모양으로 보였을 뿐이다.

나는 무지하게도 수석은 빼어날 수(秀)의 수석인 줄로만 알았다. 그런데 사전을 찾아보니 수석(壽石)이었다. 목숨을 갖고 있는 돌이었던 것이다.

그렇다. 무릇 생명이란 꼭 숨을 쉬고 아픔을 느끼고 피를 흘려야만 살아 있다고 할 수 있을까. 길바닥에 떨어져 나뒹구는 꽃잎에도 이야기가 있다. 나름 가치가 있고 의미가 있다. 강진 백련사 동백나무숲 동백꽃은 길바닥에서 두 번 핀다고 하지 않던가. 지리산 장터목산장에서 천왕봉 가는 길, 제석봉 비탈의 주목나무 고사목들은 살아 천년 죽어 천년을 산다고 하지 않던가. 그들이 들려주는 이야기에 귀를 세울 수 있다면, 돌멩이의 작은 몸짓 하나에도 감탄할 줄 아는 감성으로 살아갈 수만 있다면, 그들과 함께 살아갈 수 있다면....

나 문득 새떼가 되어

전국에 주의보가 내려졌다. 어떤 지역은 경보가 발령 중이다. 연일 최고 기온을 갈아치우고 있다니 반갑지가 않다. 실제로 창문 가까이 가니 불길이 이글거리는 것처럼 열기가 대단하다. 밤에도 찜통더위는 물러갈 줄 모른다. 한옥에 사니까 시원할 거라고 얘기하는 사람도 많지만 올여름 더위는 봐주는 게 없는 것 같다. 덥기는 마찬가지이다. 마당의 금잔디도 목이 타는지 더욱 노래졌다.

그나마 다행인 것은 오래된 동백나무가 무성한 그늘을 드리우며 땡볕을 물리치고 있다는 사실이다. 참새며 까치, 이름 모를 새떼들이 나무 밑으로 모여들고 있으니 말이다. 창가에 서서 한참을 바라보았다. 서로가 많이 지친 모양이다. 날갯죽지가 푸석해 보이기까지 하였다. 불볕을 뒤집어쓰고 있는 깡마른 저들에게 목을 축일 물 한 모금

이 절실하겠다는 생각이 들었다. 새들의 눈빛이 그렇게 얘기를 하고 있었던 것이다. 바로 실행에 옮겼다. 장독대로 달려가 적당한 그릇을 찾았다. 새하얀 사발에 냉수 한 바가지 부어 그늘이 좀 더 짙은 쪽에 갖다 놓았다.

새떼가 물을 마시기를 기다렸다. 한 시간이 지나고 또 한참이 흘러갔다. 내가 더 애가 탔다. 새들이 굽 주변만 뱅뱅 돌고 있었기 때문이다. 나절가웃이 지나갔다. 여전히 사발의 물은 그대로다. 풀죽은 새떼를 위해 베푼 알량한 나의 선행이 수포로 돌아갈 조짐마저 보이고 있었다. 뭐가 잘못된 것일까.

우리 집 한옥 처마 밑에는 돌확이 둘 있다. 그 옆에선 삼복더위에도 기죽지 않는 선홍빛 봉숭아꽃이 해마다 운치를 더하고 있다. 돌확에는 금붕어가 노닐고, 어리연이 노랗게 피어 있다. 가끔 말벌이 날아와 물구나무를 선 채로 물 한 모금 훔쳐 물고 어디론가 줄행랑을 치기도 한다. 창문 틈으로 지켜보면 참새가 조심스럽게 다가와 물을 마시고 가는 모습이 보이기도 한다.

그런데 왜일까. 동백나무 아래 사발의 물은 왜 그대로일까. 유심히 살펴보니 새떼가 날아와 파닥파닥 사발의 등을 타고 올라가 그 입술에 앉으려고 시도는 하고 있었지만 번번이 무위로 돌아가고 있었다. 그게 문제였다. 물가에 깃을 접고 앉을만한 곳이 마땅찮았던 것이다. 매끄러운 사발이 발붙일 품 한쪽 내주지 않아 딛고 설 자리가 없었던 셈이다. 어느새 새떼의 길어진 부리에 소금꽃이 피고 있었다.

사발은 보기에는 좋다. 정화수가 떠오르기도 한다. 그런데 사발의 입술은 너무 미끄럽다. 전깃줄은 발가락으로 감고라도 올라설 수 있지만 사발은 그럴 수가 없다. 게다가 폭이 좁고 깊어 새가 그 속의 물을 마시기에는 적당하지도 않다. 물수제비 뜰 수도 물론 없다. 동백나무 그늘 아래 새떼는 그래서 사발 주변만 서성거리고 있었던 모양이다. 진즉 접시 물로 바꿔줬어야 했다. 얼렁 시원한 물 한 모금 입에 물고 솟구쳐 오르는 모습을 보고 싶다. 허공만 쪼아 대다 포르르 날아간 새떼의 눈가에 아직 물그림자가 어른거리고 있으니 말이다.

우리네 삶도 마찬가지가 아닐까. 높은 담을 쌓아 이쪽 저쪽, 내 편 네 편을 너무 나누는 것은 바람직하지 않다. 울타리를 둘러치고 사는 것보다는 적당히 낮춰야 사람이 모이고 새록새록 정도 돈독해진다. 생각의 빗장도 마찬가지이다. 살짝 풀어놓았을 때 틈이 생기고 상대도 부담없이 다가온다.

아파트 문화 때문일까. 주변을 둘러볼 여유가 없어서일

까. 요즘은 모두가 닫고 산다. 사발 속의 물처럼 갇혀있다. 스스로를 가두고 산다. 그건 사생활이니 뭐라 말하기 어렵다. 성격 탓일 수도 있어 나무랄 수도 없다. 그래도 서로가 마음의 담장만은 쌓지 않았으면 좋겠다. 허물면 눈에 들어온다. 저편도 보인다. 앞으로 더 열고 살 작정이다. 생각이 열려 있었다면 새들 편에서도 생각을 해봤을 것이다. 사발처럼 하얗고 번지르르한 것보다는 키 작고 거칠거칠한 접시가 때론 더 쓸모 있다는 것도 미리 알았을 것이다. 이번 사기 사건은 욕심만 앞섰지 근본적으로 상대에 대한 배려가 부족해 생긴 일이었다.

그랬다. 내가 새떼가 되어 보니 눈에 보였다. 역지사지, 입장을 바꿔 바라보니 생각이 달라졌다. 얄팍한 입술에 갇힌 속 좁은 물보다는 경계를 짓지 않는 접시 물이 낫다는 걸 나 문득 새떼가 되어 깨우친 그런 여름 한낮이었다.

고구마꽃의 역습

얼마 전 카톡 메시지를 하나 받았다. 고구마꽃 사진이었다. 첨엔 무슨 나팔꽃인가 했다. 깔때기 모양의 안쪽은 자주색, 바깥쪽은 하얀색을 띠고 있는 꽃이었다. 그 꽃을 직접 보기 위해 뒷날 지인 부부와 함께 고구마밭으로 향했고, 월출산 정상과 기암괴석 능선이 바라보이는 곳에 멋진 전원주택을 짓고 사는 이의 텃밭에서 고구마꽃을 만났다. 미국에서 살다 6년 전에 귀촌했다는 부부는 미국의 아는 사람들에게도 사진을 찍어 보내 자랑을 할 만큼 고구마꽃을 귀하게 여기고 있었다. 거실 통유리 너머의 신록을 마주하고 차를 마시며 고구마꽃에 대한 얘기로 쾌 긴 시간을 보냈다.

고구마꽃은 100년에 한 번 필까 말까 할 정도의 특별한 꽃으로 알려져 있다. 원산지가 남아메리카 대륙의 아열대 기후 지역이기 때문이다. 우리나라처럼 사계절이 뚜렷한 온대 지방에서 꽃이 피지 않는다는 것은 당연한 이치라 하겠다.

그래서일까. 고구마꽃의 꽃말은 행운이라고 한다. 춘원 이광수가 자신의 회고록에서 백 년에 한번 볼 수 있는 꽃이라고 했다는 얘기가 있다. 그 귀한 꽃이 최근 들어 더 자주 피고 있다. 그것도 거의 전국에 걸쳐 피고 진다. 그러다 보니 꽃말을 바꿔야 할 때가 되지 않았나 하는 생각마저 든다. 네 잎 클로버가 행운이라는 꽃말을 가진 것도 주변에서 쉽게 찾을 수 없는 희귀성 때문이니까 말이다.

문제는 우리나라에서는 그간 보기 어려웠는데 연일 무더운 날씨가 지속되면서 꽃을 볼 수 있게 됐다는 사실이다. 기상학자들은 가뭄이 길어지는 마른장마와도 상관이 있다고 밝히고 있다. 흙 속 수분이 부족해 뿌리로 가야 할 영양공급이 원활하지 않을 때 종자 번식을 위해 꽃을 피우게 된다는 것이다. 조금 다른 얘기이긴 하지만 우리 집 마당의 소나무에도 몇 년째 솔방울이 지나치게 많이 달려 알아봤더니 나무가 시달리면 종족 보존을 위해 그런 현상을 보인다고 했다.

이처럼 고구마꽃은 아름다운 겉모습과 달리 이상 기후의 지표이자, 지구 온난화의 경고이기도 하다. 우리 선조들은 고구마꽃이 기후를 예측한다고 믿었고, 실제로 꽃이 피는 해에는 어김없이 심한 가뭄 등이 찾아왔다고 한다. 가물어서 고구마꽃이 핀 것이다. 과거의 사실 여부를 떠나서 고온 현상 때문에 꽃이 피는 것만은 확실하니까 걱정이 되지 않을 수 없다.

이미 지구촌 곳곳에서 이상기온으로 인한 경고음이 들린 지 오래다. 폭설, 폭염으로 몸살을 앓는가 하면, 때아닌 홍수에 엄청난 인명과 재산 피해를 당한 지역도 속출하고 있다. 지구온난화로 빙하가 녹아내리고 해수면이 상승하기도 한다. 사막화 현상도 심각한 문제가 아닐 수 없다. 우리나라 바다에서도 한류성 어종이 감소하고 해파리가 증가하여 어부들이 큰 피해를 보고 있다. 가뭄에 홍수, 태풍까지 그야말로 지구촌은 자연재해로 정신을 차리기 힘들 정도이다.

귀한 고구마꽃을 볼 수 있어 좋긴 한데 그 이면을 들여다보면 섬뜩하다. 고구마꽃이 우리 인간에게 보내는 무서운 경고의 메시지이기 때문이다. 지금 우리는 그 경고음을 소홀히 들어서는 안 된다. 더 이상 지구가 뜨거워지지 않도록 막아야 한다.

지구 온난화의 원인은 멀리 있지 않다. 주변에서 찾아야 한다. 공공기관의 냉난방 온도, 냉방은 더 높이고 난방은 조금 더 낮췄으면 좋겠다. 자기 집 아니라고 너무 함부로 쓰고 있다. 전깃불도 필요할 경우에만 켜야 한다. 쓰레기도 줄여야 한다. 커피숍의 빨대도 이제는 없앨 때가 됐다. 특히 자동차 배기가스는 주범이다. 꼭 필요한 경우가 아니라면 대중교통 이용을 생활화했으면 좋겠다. 작은 실천이 큰 세상을 만든다는 사실, 항상 잊지 않아야 한다.

자연이 인간에게 보내는 경고를 겸허하게 받아들이고 지금부터, 나부터 주변을 쾌적하게 가꿔간다면 고구마꽃은 꽃말 그대로 우리에게 멋진 행운을 안겨 줄 것이다. 그런 날이 꼭 왔으면 좋겠다. 나를 위해서, 우리의 미래 세대를 위해서도.

무위(無爲)를 생각하다

이사 하던 날

시동을 걸었다. 옆자리를 바라봤다. 자동차가 움직이기 시작한다. 다시 고개를 돌려 바라봤다. 아내는 그냥 그대로의 모습이다. 5월의 햇살이 제법 따갑다.

23년 만인가. 같은 집에서 참 오래도 살았다. 광주에서 목포로 이사와 처음엔 유달산 자락에서 월세로 살았고 몇 년 후 양을산 아래 한옥으로 옮겼으며 그 후 이사를 한 곳이 지금의 아파트였다. 아니 조금 전 현관문을 나서는 순간 이미 남의 집이 되어 버린 그 아파트였다. 그리고 이제 다시 우리 부부는 실로 33년 3개월 만의 목포 생활을 접고 새로운 보금자리를 찾아 길을 떠나고 있는 것이다.

자동차는 제일중학교 사거리를 지나 갓바위 문화의 거리를 달리고 있다. 눈에 익은 입암산 신록의 푸른 잎사귀들이 손을 흔들고 있다. 옆자리의 아내에게 물었다. "왜 눈물 안 나?" 왜 눈물이 나느냐고 아내가 나에게 되묻는다. 의외였다. 사실 이사 갈 날을 잡아놓고 아내가 많이 섭섭해할까 봐 조금은 걱정이 되기도 했었다. "이사 가는 날 틀림없이 당신 눈물 흘릴 것 같은데?" 하며 내가 놀리곤 했으니까 말이다. 20년 넘게 정이 든 집이니 충분히 그러고도 남을 거라 생각했지만 내 짐작은 빗나갔다. 그런데 이상했다. 다행스러운 일인데도 그걸 내가 섭섭해하고 있으니 말이다.

자동차가 영산호를 옆에 끼고 달린다. 아침 햇살을 받은 수면이 어느새 윤슬로 물꽃을 피우고 있다. 호숫가 저 너머의 월출산 천황봉이 손에 잡힐 듯 다가온다.

목포와 영암 경계를 지나 잠시 영산호 수문 갓길에 차를 세웠다. 멀리 바라보이는 유달산은 녹음으로 더욱 짙어졌고 목포항 앞바다는 하늘을 담아 파랗게 질려 있다.

20대 후반, 흰 눈이 펑펑 쏟아지던 날, 유달산 사옥으로 첫 출근을 하면서 나는 목포사람이 되었다. 사옥은 나비의 더듬이처럼 안테나를 높이 세워 어디론가 금방 날아갈 듯한 모습이면서도 노적봉 옆에서 늘 그렇게 그림엽서보다 더 아름다운 모습으로 나를 반겨주곤 했다. 아나운서 부스에 앉아서도 올망졸망 펼쳐진 다도해를 굽어볼 수 있었던 곳. 그 유달산이 지금 멀어지고 있다.

자동차가 어느새 금계국이 흐드러지게 핀 국도변을 달

리고 있다. 꽃의 색이 황금색 볏을 가진 관상용 새 금계(金鷄)를 닮았다 해서 금계국으로 불린단다. 금계국은 북아메리카 남부가 원산지라고 하니 지구 반대편에서 이주해온 셈이다. 그에 비하면 나는 어떤가. 거리상으로는 이사라고도 말할 수 없을 것 같다. 30분 후쯤이면 월출산 자락 강진달빛한옥마을에 도착할 것이니 말이다.

이삿짐을 실은 탑차도 함께 달린다. 그간 자잘한 세간(世間)들을 버릴 만큼 버렸고 우리가 옮길 수 있는 것들은 이미 다 갖다 놓았는데도 지금의 짐이 걱정이다. 나는 웬만하면 버리자 하고 아내는 아깝다 하면서도 엄청 버렸는데 저 짐을 다 어찌할까. 짐 때문에 마음의 짐이 조금은 무겁다. 하지만 앞으로는 가볍게 살리라. 욕심 없이 느리게 살고 싶다. 민들레 씨앗은 바람을 타고 이사를 간다는데 그렇게는 못 하더라도 버리고 비우고 느리게 살고 싶다. 너무 한가한 얘기로 들릴지는 몰라도 은퇴를 앞둔 지금부터는 그렇게 살고 싶은 것이다.

자동차가 어느새 무위사(無爲寺) 삼거리를 지나고 있다. 그렇다. '무위'란 무엇인가. 아무 일도 하지 않는다는 말이 아니지 않던가. 불교에서의 무위는 탐욕과 성냄과 어리석음의 소멸을 의미하는 것으로 알고 있다. 도가의 법망에서는 자연의 순리를 지키는 것을 무위라 한다고 들었다. 일체의 부자연스러운 행위, 인위적 행위가 없음을 무위라고 볼 때 인간의 가장 행복한 삶은 자연스럽게 사는 것일 게다. 자연처럼 자연스럽게 사는 일. 월출산 자락 무위사와 이웃하며 그렇게 살고 싶다. 짐이 좀 많으면 어떠랴. 앞으로 덜어 내면 될 일이고 그 짐을 마음의 짐으로 생각하지 않으면 되는 것을.

무위사 3거리를 지나자 바로 달빛한옥마을 푯말이 우리 부부를 맞는다. 이제부터는 자연과 온전히 친구가 되는 거다. 그들이 건네주는 이야기를 담을 만큼의 여백은 지니고 사는 거다. 걸림이 없이 사는 삶, 그 시작이 지금이다.

노을치마

긴 겨울이 가고 새봄이 얼굴을 내민다. 희끗희끗한 잔설이 꼬리를 감춘 언덕 너머 산모롱이에 파릇한 새움이 돋고 갈매기 등을 타고 건너온 바람은 물오른 가지에 앉아 여유를 부린다.

구강포의 봄은 저 멀리 마량포구에서 불어오는 갯바람을 앞세우고 만덕산 자락에 도착하나 보다. 백련사 아래 동백 군락지에는 붉디붉은 산다화 피고 지고 숲속 나뭇가지를 오르내리는 직박구리는 아침부터 숨이 차나.

풀빛이 차오르는 이른 봄날, 강진 도암면 만덕산 허리를 감고 도는 백련사 샛길을 따라 다산초당으로 향한다. 동글동글 나무를 잘라 만든 통나무 계단을 10여 분 오르니 고갯마루가 나온다.

200여 년 전, 오늘 같은 이런 봄날에 다산 선생도 지금의 이 오솔길을 걸으며 사색의 시간을 보냈을까. 당대 최고의 명승 혜장선사와 함께 백련사와 다산초당을 이어주는 이 산등성이 길을 오가며 세상을 얘기하고 선문답을 주고받았을까. 다산 선생은 이곳 언덕에 올라 숨을 고른 후 초당으로 향하는 내리막을 길벗 삼아 하루하루 걷는 여유를 즐겼을지도 모른다.

고갯길 굴참나무 가지 사이로 하얀 구름이 흘러간다. 문득 "요즘 사람 옛적 달 못 보았으나, 요즘 달 옛사람을 비추었으리. 옛사람 요즘 사람 모두 흐르는 물 같으나, 달 보는 그 마음은 모두 같으리"라는 이태백의 칠언시 '대주문월(對酒問月)'의 앞머리가 떠올랐다. 나는 200년 전 저 구름 못 보았으나 지금의 저 구름은 혹시 다산 선생과 만난 적 있지 않았을까. 대시인의 말처럼 구름을 바라보는 마음은 예나 지금이나 같을까. 나는 감히 다산의 마음을 헤아려 보고 있었다.

다산초당으로 이어지는 산길을 따라 자생하는 작설 찻잎에 길손의 시선이 머문다. 짙은 남빛을 띤 붉은색, 자색(紫色)이다. 참새의 혀를 닮아 작설이라는 이름을 갖고 있다. 초당 주변에 차나무를 심고 녹찻바람을 즐겼을 다산을 생각한다. 다산의 깊은 마음에 언감생심 다가갈 수는 없다. 그러나 절해고도나 다름없는 강진 땅에 귀양 가 있는 남편을 그리워하며 적막한 세월을 보냈을 홍 씨 부인의 마음을, 역사가 기록하는 사실(史實)을 통해 조금은 엿볼 수 있을 것 같다.

홍 씨 부인은 아마 자색(姿色)을 갖춘 여인이었을 것이다. 그녀는 열여섯 살이 되던 해 다홍치마 곱게 차려입고 한 살 아래의 청년 다산과 봄이 오는 길목에서 혼례를 치른다. 세월은 흘러 결혼생활 25년이 되던 해 여러 정치적인 이유로 다산은 귀양길에 오르고, 홍 씨 부인은 언제 돌아올지 모르는, 어쩌면 살아서 만나지 못할 유배지의 남편을 기다리다 병이 들었을 것이다.

북한강과 남한강이 만나는 두물머리 강변의 외딴집 초가, 시름에 잠겨 있을 홍 씨 부인을 생각해 보라. 주변은 빈 가슴을 파고드는 바람 소리뿐 흐르는 물소리도 숨을 죽인 듯 적막에 싸여 있었을 것이다. 그 차가운 어둠을 뚫고 때마침 강 너머에서 초승달이 떠오른다. 달빛은 빨려 들 듯 봉창으로 스며들고 여인은 그리움을 주체할 수 없어 버선발로 마당으로 나선다.

그리고 천 리 먼 길 남쪽을 향해 자신도 모르게 몇 발자국 다가간다. "여보오" 짧지만 길게 외마디 소리를 외치며 그대로 빈 뜰에 쓰러진다. 그때 강물은 남으로 흐르고 흘러 만덕산 아래 구강포구에 이른다. 간절한 부부의 두 마음은 가슴과 가슴으로 이어져 뜨겁게 해후한다.

그로부터 몇 년 후 조선 순조 1810년 초가을, 다산은 병든 아내가 보내온 낡은 치마를 정성스럽게 재단하여 자그만 서첩을 만들고 아들에게 당부하는 글을 적어 고향으로 보낸다. 유배지에서 아버지가 자식에게 보낸 그 서첩을 색이 바래 노을처럼 변한 치마에 적었다고 해서 '하피첩'이라고 부른다. 다산은 그때의 심경을 이렇게 노래했다. "병든 아내가 낡은 치마를 보내왔네. 천리 먼 곳에서 마음을 담아 보냈구나. 오랜 세월에 붉은빛은 바랬는데, 늙은 내 모습 같아 처량하구나. 재단하여 작은 서첩을 만드니"

다산초당으로 향하는 언덕을 넘으며 200년 전 한 여인의 애틋한 마음을 읽는다. 산 높고 물 선 귀양지에서 하릴없는 일생을 보내고 있을 남편에게 시집올 때 입었던 다홍치마를 보낸 깊은 뜻은 무엇이었을까. 병이 들어 앞날을 장담할 수 없는 절박한 상황에서 어떤 마음으로 노을치마를 보냈을지 궁금증이 더해진다. 한때나마 행복했던 신혼의 단꿈을 기억하고 싶었을까. 아니면 남편에 대한 변함없는 사랑의 마음을 전하려 했음일까. 어떤 생각이었든 간에 백 마디 말보다는 훨씬 더 깊고 절절한 그리움과 사랑의 안타까운 표현이었으리라.

요즘 부부간에 툭하면 큰소리로 다투고 심지어는 아예

갈라서는 경우까지 있다. 오죽하면 정부에서 '부부의 날' 이라는 기념일까지 만들었을까. '부부의 날'은 가정의 달 5월에 둘이 하나 된다는 의미의 5월 21일로 정했다고 한다.

그런데 부부간의 사랑을 어찌 법으로 묶을 수 있겠는가. 결국은 서로의 마음이다. 200년 전 다산 선생과 홍 씨 부인의 안타까운 사랑 이야기를 떠올리면, 지금 내 곁의 아내와 남편이 세상에서 가장 아름답고 소중한 사람이라는 생각이 들지 않을까.

마스크

대란이다. 아우성이다. 행렬의 끝이 보이지 않는다. 모두가 마스크를 쓰고 있다. 마스크를 쓴 사람들이 마스크를 구하기 위해 새벽부터 줄을 섰다. 2020년 새봄의 잿빛 풍경, 그러나 10년 전 세상은 이랬다.

봄빛이 기웃거리고 있다. 바다 건너 땅끝에서 건너왔을까. 먼 길을 달려왔음이 분명한데도 모습은 새뜻하다. 눈 아래 갓바위 앞바다의 물결도 어느새 풀빛이다.

콧바람을 벌렁대며 이방인들이 지나간다. 낙타의 콧잔등과 오랑우탄의 주걱턱이 나를 바라본다. 재미있다. 조금은 무섭다.

입암산 둘레길에서 만난 사람들의 모습이다. 마스크로 가린 얼굴들이 꼭 이방인을 보는 것처럼 낯설다. 골프 마스크로 덮은 코는 낙타의 콧잔등을 빼닮았고 턱은 주걱

턱처럼 길게 늘어져 있다.

언제부턴가 마스크를 쓰고 산책이나 등산을 하는 사람들이 많아졌다. 시작은 아마 넘보라살 때문이었을 것이다. 자외선으로부터 피부를 보호하기 위해서 처음엔 썼겠지만 요즘은 흐린 날도 마스크요 비가와도 마스크다. 한밤중 산책길에서도 마스크로 무장한 사람들을 쉽게 만날 수 있다. 동남아 새댁들까지 마스크 대열에 합류한 걸 보면 마스크가 자연스럽게 패션의 일부가 된 느낌마저 든다. 물론 그중에는 중국에서 날아온 황사나 미세먼지 또는 추위를 피하고자 착용하는 사람들도 있을 것이다. 그건 당연한 일이고 건강을 위해서도 필요하다.

서양이나 유럽 사람들도 마스크를 쓰고 운동을 할까. 글쎄 나는 별로 보지 못한 것 같다. 그네들은 맨 얼굴을 드러내놓고 땀을 흘린다. 여자들도 자신의 피부에 별로 신경을 쓰고 있는 것 같지 않았다.

유독 우리나라 사람들이 마스크를 좋아하는 이유는 무엇일까. 피하조직 때문이라고 얘기하는 사람도 있다. 긴 시간 자외선에 노출되어도 유럽인들의 피부는 쉽게 타지 않을뿐더러 원상태로 쉽게 돌아온다는 것이다. 그런데 꼭 의학적인 이유뿐일까. 다른 핑계는 없는 것일까.

산책할 때 마스크를 쓰고 운동을 해 보니까 편하긴 했

다. 오다가다 이 사람 저 사람 마주쳐도 굳이 눈인사할 필요가 없고 만나기 싫은 사람들은 모른 척 그냥 비켜 가도 된다.

며칠 전 아내와 함께 마스크를 쓰고 동네 앞산 기슭을 오르는데 같은 아파트에 살고는 있지만 별로 말을 섞고 싶지 않은 분이 말을 걸어왔다. 나를 '선생님'이라고 부르면서 말이다. 순간 대꾸를 할까 말까 망설이다가 그냥 시선을 돌리고 지나쳐 버렸다. 마스크를 벗는 번거로움이 싫었고 말을 붙이면 나를 알아볼 것도 같았기 때문이다. 잠시 후 내 등 뒤에서 그분의 헛기침 소리가 들려왔다. "아아 참!, 아아 참참!" 얼마나 민망했으면 하늘에 대고 헛기침을 연실 해댔을까. '별 이상한 놈 다 봤다'고 중얼거렸을 게 분명했다.

한 번은 그런 적도 있었다. 주말에 앞산에서 직장 동료를 만나 내가 아는 체를 했는데 오히려 그쪽에서 나를 몰라보는 것 같았다. 내가 마스크를 하고 있었기 때문이었다.

그런데 이게 정상일까. 사소한 일 같지만 마스크를 쓰고 걷다 보니 마음까지도 닫혀버리는 듯했다. 일종의 익명성 같은 거라고 해야 할까. 온라인이라는 커튼 뒤에 숨어 하는 행동과 비슷한 심리가 나오는 것 같았다. 아는 사람을 보고 모른 척 그냥 지나치기란 쉽지 않은 일인데 말이다. 그래서 내가 그랬던 것처럼 또 다른 마스크도 나를 못 본 체 했을 수도 있는 일. 그렇다고 누구를 탓하랴.

우리 사회의 화두는 소통이다. 불통 때문에 모두 숨이 막힌다고들 한다. 나도 불통은 정말 싫다. 그럼에도 내가 오히려 소통을 외면하고 마스크라는 블라인드를 치고 이웃을 대하고 있지는 않았는지 되돌아보게 된다.

소통이란 무엇인가. 그 출발은 나를 먼저 드러내는 데 있지 않을까. 나를 숨김없이 내보이고 마음을 비우고 욕심을 버리고 역지사지의 마음으로 상대를 배려할 때라야만 가능해진다고 생각한다. 내가 원하는 것보다 상대가 바라는 것을 들어주는 게 진정한 소통의 모습이기 때문이다. 휴대폰 하나도 요즘은 나보다 상대를 위해서 필요하다고 말하는 사람이 있다. 내가 원할 때만 전원을 켜고 통화 후 꺼버린다면 상대가 얼마나 불편해하겠는가.

마스크를 써도 상대를 볼 수 있다. 그러나 그 사람은 나를 알아볼 수 없다. 이제 나를 가리고 있는 헝겊 한 조각 벗어 던지듯 생각의 블라인드를 걷어내고 싶다. 울타리를 허물고 나를 내보이는 것, 그게 진정한 소통의 작은 시작일 수도 있기 때문이다.

제2부

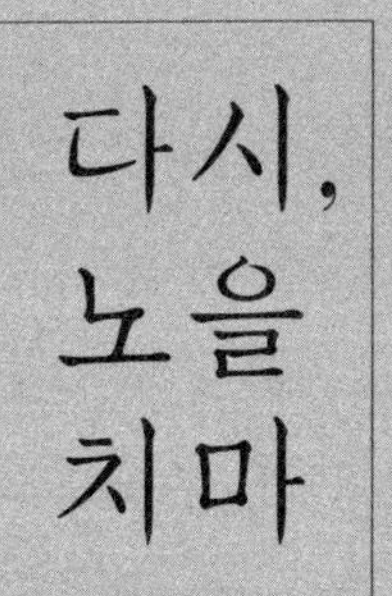

다시, 노을 치마

제2부

다시, 노을 치마

한 사나흘 새와 겨루다

때라는 게 있다. 때는 어떤 순간이나 부분을 이르기도 하고 더 넓게 생각하면 시절일 수도 있겠다. 공부도 때가 있고 노는 것도 때가 있다고 얘기한다. 한 살이라도 젊었을 때 공부를 하고, 한 살이라도 덜 먹었을 때 열심히 놀자며 '노세 노세 젊어서 노세'를 목청껏 부르던 때도 있었다.

그러나 그 말들이 꼭 맞는 것만은 아니다. 요즘의 잣대로 생각하면 배움엔 나이가 따로 있을 수 없고, 즐기며 노는 것 또한 나이 들어서라고도 할 수 있기 때문이다. 복지관 같은 곳을 가보면 금방 알 수 있다. 평생교육원도 마찬가지이다. 의욕적으로 배우고 열심히 즐기면서 노는 실버세대들로 북적댄다. 때는 기회일 수도 있다. 때를 놓친다는 건 기회를 잃는다는 말로 통하기도 한다. 그래서 때를 잘 맞춰야 한다는 말이다. 영어로 타이밍(timing)이란

때맞춤이다.

시골로 이사 온 지 3년이 됐다. 월출산 자락에 한옥을 지었으니 도회 사람들 기준으로 표현하자면 전원생활일 수 있겠다. 마당에 잔디를 깔고 담장 아래 나무도 심었다. 단감과 대봉감 나무는 두 그루씩이나 심었다. 겨울이 지나면 앙상한 가지에 파릇파릇 새움이 돋기 시작한다. 초봄엔 새순이 얼굴을 내밀며 수줍어한다. 연둣빛 감잎에 내려앉은 햇살은 또 어떠한가. 한없이 부드럽고 따스하다. 봄바람을 불러 모은다.

그 여린 잎새에 신록이 짙어 가는 5월 중순이 되면 가지마다 감꽃이 피어난다. 노란별을 닮은 감꽃을 전라도에서는 감똥이라고 부른다. 그 달짝지근한 감똥을 주워 먹고 나는 자랐다. 그 땐 감꽃으로 목걸이를 만들어 목에 걸고 다니며 한껏 멋을 부리고 다니는 애들도 많았다. 모두 다 때가 선물한 소중한 추억들이라 할 수 있겠다.

감꽃받침에 맺힌 작은 감이 제법 토실토실해질 쯤이면 비바람이 몰려온다. 태풍이 한차례 휩쓸고 도망간다. 풋감들이 우수수 목숨 줄을 놓아버린다. 무성한 그늘아래 가부좌를 틀고 앉은 땡감들. 떫은맛 그대로인데 누군가 다가온다. 구멍 송송 뚫려버린 앙가슴 그 사이로 찬바람이 지나간다. 개미행렬이 걸어간다. 어느새 샛길이 되고 한 끼의 밥이 된 땡감들. 비록 풋감이지만 누구에게는 한 끼의 양식이 되기도 한다.

인간의 손길과 몇 차례의 태풍을 피해 살아남은 감들은 조금씩 햇살에 물들며 익어간다. 문제는 이때부터다. 소리 없는 전쟁의 서막이 열리는 것이다. 노을빛 감나무 등불 아래서 벌여야 하는 까치와의 전쟁. 치열한 수싸움이 본격적으로 시작된다. 때를 사이에 두고 싸워야 하는 고도의 두뇌 싸움.

싹을 틔우고 잎을 키우고 열매를 맺기까지 얼마나 지난한 날들을 보냈던가. 폭풍우는 작히 또 가혹하게 내리쳤던가. 성급한 사람들의 유혹은 또 오죽 집요했던가. 예까지 달려와 살아남았는데 쉽게 포기할 수는 없는 일. 까치의 제물이 되게 해서야 되겠는가. 그렇다고 익기도 전에 딸 수도 없다. 고민은 거기에 있었다.

맛이 들기를 기다리다 보면 까치가 먼저 쪼아 먹기 일쑤다. 붉은 물이 살짝 비치면 벌써 까치가 덤비니 어떻게 할 방도가 없다. 가지 끝에 비닐봉지를 걸어 위장막을 쳐도 소용이 없었다. 요즘은 새 쫓는 독수리 연이 인기가 있는 모양인데 그걸 집에다 띄울 수는 없는 일. 언제 어디서 지켜보는지 익어가는 그 부분만 골라 톡톡 쪼아 먹으니 이런 낭패가 없다. 선수를 칠 것인가, 기다렸다 곱게 딸

것인가. 가을날의 고민은 깊어질 수밖에 없다.

마침내 D-day를 정한다. 더 이상 미룰 수가 없었다. 또 급습을 당하기 전에 내일은 서둘러 해치워야 한다. 감나무에 매달린 토실토실한 단감 몇 개를 찜해둔다. 회심의 미소가 절로 지어진다. 서울 사는 손녀에게 햇감을 보낼 생각을 하니 기분이 좋아진다.

다음날, 이게 어찌 된 일인가. 다시 쓴웃음을 지어야 했으니 말이다. 내 마음을 꿰뚫고 있었을까. 까치가 먼저 아침 일찍 일을 내버렸다. 내가 또 한발 늦은 것이다. 예전에는 어느 정도 익어야 새가 탐을 냈는데 요즘은 붉은 기미만 보여도 곧잘 먹어 치운다. 그렇다고 생감을 딸 수도 없는 일. 정말 난감했다. 앞집 소나무 가지에 걸터앉아 입맛을 다시고 있는 까치를 바라보며 그냥 헛웃음을 지을 수밖에.

승부수가 수포로 돌아갔으니 체면이 말이 아니다. 패인을 분석하려 해도 도무지 감이 잡히지 않는다. 시각이 특별히 발달해서일까. 아니면 멀리서도 단내를 맡고 달려드는 것일까. 발갛게 조금 변한 텃밭의 고추를 그 부위만 쪼아 먹는 걸 보면 단맛을 좇아 찾아든다고만 할 수도 없고 나로서는 도통 알 수가 없는 일이다. 그게 늘 궁금했다.

그런데 새의 감각은 아주 특별한 것으로 알려져 있다. 특히 홍학의 청각은 우리의 상상을 뛰어넘는다. 수백 킬로미터 밖에서 떨어지는 빗방울 소리를 감지하여 산란을 위한 습지가 그곳에 생겼음을 알아차릴 정도라고 하니까 놀라울 따름이다. 위쪽과 뒤쪽을 파노라마처럼 볼 수 있는 새가 있는가 하면 2개의 눈 중 하나는 먹이를 찾는 데 쓰고 다른 하나는 포식자를 감시하는데 사용하는 새도 있다고 한다. 자외선을 볼 수 있는 조류까지 있다고 하니 우리 인간이 어찌 새를 이길 수 있을까. 애당초 새와 대결을 한다는 것 자체가 무리였는지도 모르겠다.

우리가 잘 아는 손자병법에 이런 구절이 있다. '적을 알고 나를 알면 백 번 싸워도 위태롭지 않고, 적을 알지 못하고 나를 알면 한 번 이기고 한 번 진다'고 했다. 그렇다. 내가 나를 안다고 쳐도 절반의 승리만 가능할 뿐이다. 그런데 나를 아는 일이 어찌 그리 쉬운 일이겠는가. 우리 집 감나무에 열린 감의 절반을 새들에게 내주고 나머지만 내가 수확한다 해도 밑질 게 하나 없을 것 같다는 생각이 뒤늦게 들었다.

새들도 염치는 조금 있는 것 같다. 그들이 쪼아 먹다 남은 감을 따서 나무 밑에 두면 우선 그것부터 먹어 치우니까 말이다. 그러는 사이 내가 봐둔 감은 익어간다. 내가 무슨 생계를 위해 큰 농사를 짓는 것도 아니고 이제는 조금씩 양보할 때도 된 것 같다. 사람과 사람의 관계뿐만 아니라 내 주변의 자연과도 나누면서 살아야 한다는 평범한 진리를 그간 잊고 살아 온 것 같다.

대결보다는 함께 갈 때 더 멀리 갈 수 있다. 적당히 져주면서 살아가는 연습을 해야겠다. 지금 소나무 가지에 앉아 나를 쳐다보고 있는 저 까치를 이해하고, 마당의 참새들과도 서로 안부를 주고받으며 살아갈 때 나의 산골생활 재미는 더 쏠쏠해질 것이다. 자연스럽게 사는 일, 늦었지만 다시 지금부터다.

다시, 노을치마

1807년 봄, 복숭아꽃 흩날리는 연분홍 봄날, 다산초당에 '노을치마'가 배달된다. 남한강변 여유당의 병든 아내 홍 씨가 강진 유배지의 정약용에게 보낸 신혼의 다홍치마가 도착한 것이다.

내가 쓴 글 「노을치마」는 "왜 하필, 남편에게 다홍치마를 보냈을까"에서 출발했다. 남편은 천 리 먼 길 강진 땅에 유배돼 있고 자신은 깊은 병에 걸려있고... 이승에서의 마지막 선물이었을까. 아름다운 신혼의 사랑만을 생각하며 다시 만날 날을 기다리고 있겠다는 약속 같은 것이었을까. '노을치마'에 담긴 정서는 애틋하고 간절했다. 그래서 탄생한 게 2011년에 발표한 수필과 시조 「노을치마」이고, 2019년에 다시 쓰게 된 시조 「노을치마 2」이다.

복숭아 꽃잎처럼 날아온 편지 한 장
그 백지 그러안고 천일각에 올라서니
강물이 절뚝거리며 내게로 오고 있다

사금파리 날 같은 윤슬에 눈이 먼 새,
팽팽한 연줄 한 올 움켜쥔 흰 물새가
뉘엿한 붉새를 물고 내게로 오고 있다

미처 못다 부른 연서 한 필 펼쳐두고
말 없는 그 말들이 초당에 쌓이는 밤
야윈 강 뒤척일 때마다
일어서는 저녁놀

– 유헌 「노을치마 2」 전문

212년 전 그날, 다홍치마를 받아든 약용은 아내에 대한 그리움을 주체하지 못하고 강진 구강포구가 훤히 내려다뵈는 천일각으로 내달린다. 두물머리를 출발한 강물도 '절뚝거리며' 천 리를 달려와 때마침 구강포구에 와 닿고....

첫 번째 수 초장의 '편지', 중장의 '백지', 세 번째 수의 '연서'는 모두 '노을치마'의 은유이다. '절뚝이는 강물'은

천리를 달려온 병든 아내 홍 씨이며, "사금파리 날 같은 윤슬에 눈이 먼 새"와 "팽팽한 연줄 한 올 움켜쥔 흰 물새", 마지막 수의 "일어서는 저녁놀" 역시 홍 씨 부인의 은유이다.

세 번째 수 중장의 "말 없는 그 말들이 초당에 쌓이는 밤"은 강조법의 하나인 역설법(paradox)이다. 말이 없는 게 아니라 다홍치마를 펼쳐두고 아내인 홍 씨 부인과 밤을 새워 무수한 말을 주고받는 상황을 묘사하고 있으니 말이다.

이렇듯 「노을치마 2」는 나름 은유, 직유, 상징, 활유, 역설법 등의 비유법을 동원한 연시조 작품이다.

현대시를 이해하는 데 있어 중요한 포인트는 시적 화자, 즉, 시 속의 주인공을 찾는 일일 것이다. 「노을치마 2」에서 시적 화자는 시인 자신이 아니라 다산이다. 그래서 "강물이 절뚝거리며 내게로 오고 있다"의 '내'와 "뉘엿한 붉새를 물고 내게로 오고 있다"에서의 '내'는 '다산'이다. 뒤척이는 '야윈 강' 역시 200년 전의 다산이다.

"야윈 강 뒤척일 때마다 일어서는 저녁놀" 즉, '노을치마'로 남편 다산 곁을 지키겠다는 홍 씨 부인의 애틋하고 간절한 마음이 담긴 시조가 「노을치마 2」이다.

시의 꽃을 은유라 했던가. 이렇듯 적절한 비유는 시의

깊이뿐만 아니라 읽는 재미까지 덤으로 준다. 조금은 낯설어야 숨은 그림 찾듯 시의 행간을 오가며 여행을 즐길 수 있을 테니 말이다. 그렇다고 무턱대고 숨길 수만은 없는 일, 눈 밝은 독자가 눈치를 챌 수 있도록 적당히 열어주는 노력도 함께 하고 있다.

나의 경우 또 하나 중시하는 것은 흐름이다. 읽을 때 뚝뚝 끊기고 막히면 답답하고 힘들어 읽고 싶은 마음이 달아난다. 흐름에 남달리 집착하는 이유가 전직 방송사 아나운서라는 직업병에서 오는 건 아닐까 하는 생각을 할 때가 종종 있으니 말이다. 물이 흐르듯 문장이 자연스럽고, 거기에 행간을 넘나드는 감동적인 스토리나 이미지의 전개까지 보태진다면 그게 바로 좋은 글이 아니고 무엇이겠는가.

창백한 숲

굴참나무 가지 사이를 휘돌아가는 아침 바람의 코끝에 풀빛이 묻어있다. 물결처럼 흔들리는 초록 숲에서는 솔향이 분수처럼 쏟아져 내린다. 적당히 올라가고 그만큼 내려간다. 우리 동네 둘레길 얘기다.

나는 걷기를 즐긴다. 걸으면서 생각하고 걸으면서 글도 쓴다. 무작정 걷기도 하지만 이야기가 있는 곳으로 다가서듯 걷기도 한다. 코스를 바꿔가며 내가 사는 목포를 몇 차례 일주하기도 했다. 새해 첫날 특별한 곳을 정해 걷거나, 해가 뜨는 곳에서 출발해 석양이 물드는 해변에서 한 해를 마감하는 식이다. 지나간 자리, 특별한 모습들은 중계방송하듯 글로 옮기면서 걷는다. 한심하다고 생각하는 사람도 있을 것이다. 그래도 별수 없다. 걷는 게 좋으니까.

요즘 걷기 열풍을 등에 업고 둘레길이라는 이름의 새

길이 유행처럼 생기고 있다. 그런 길들은 처음부터 목적을 갖고 만들어졌기 때문에 걷기에 편해 찾는 사람들도 늘고 있다. 지자체에서 큰돈을 들여 이런 좋은 길들을 만들어준 것은 고마운 일이다.

그런데 둘레길 때문에 생긴 그늘은 없는 것일까. 양지뿐일까? 둘레길을 처음 낼 때 주민들의 건강을 챙긴다는 명분 때문인지 의견수렴 같은 절차는 아예 생략하고 그냥 밀어붙이는 것 같다. 그래서 산의 허리는 잘려 나가고, 등짝에는 포클레인이 지나가기도 한다. 그런 길을 걸을 때면 짓뭉개진 풀잎들이 피를 흘리고, 잘려 나간 생목들의 고통 소리가 들리는 듯해 불편해질 때도 있다.

입장을 한번 바꿔 보자. 길이 난 자리, 긴 세월 그곳을 지켜온 숲은 아무 일 없었던 것처럼 그냥 그대로 편안할까. 나만 좋으면 그만일까. 밤낮없이 군홧발 같은 등산화가 지나갈 때마다 산짐승들은 생사의 갈림길에서 숨을 죽여야 할지도 모른다. 우리의 잡담에 놀라 작아질 대로 작아진 심장을 움켜쥐며 구르듯 나뒹굴며 바위틈을 찾을지도 모른다.

그들의 수면을 방해하지 않기 위해 사뿐사뿐 걸을 수는 없다. 최소한, 작은 산을 생선 허리 토막 내듯 요리조리 큰 상처를 내지는 말자는 얘기다. 이해가 되지 않는 일 중의 하나는 등산객들이 자기 편할 대로 또 지름길을 내는 일이다. 그러잖아도 동물들 삶의 터전, 안전지대가 좁아질 대로 좁아진 숲속에 둘레길이 내질러가고 그것도 모자라 등산객들이 다시 길을 낸다면 동물들은 떠나갈 수밖에 없을 것이다. 떠나기 전에 아마 상당수 산짐승이 삶을 마감할지도 모른다.

얼마 전 동네 둘레길을 걷다가 순간 긴장한 적이 있었다. 등산길의 청설모가 소스라치게 놀라 도망치는 소리에 내가 더 놀라버린 것이다. 그 청설모는 근처 나무줄기를 타고 줄행랑을 치다가 갑자기 멈추더니 가지 끝에 거꾸로 매달려 나를 빤히 쳐다보았다. 3초가 여삼추라, 짧은 순간이었지만 무척 길게 느껴졌다. 난 그 녀석과 눈을 맞추고 기 싸움을 벌이다가 순간 궁금해졌다. 나에 대한 그의 생각이. 인간의 콧노래 한 소절도 자신들에게는 흉기가 될 수 있다고 외치고 있지는 않았을까.

지금부터라도 자연을 훼손하는 둘레길은 최소화하고 코스도 자연의 모습 그대로 물이 흐르듯 순리대로 돌아가는 길이었으면 좋겠다. 비록 가느다랗고 볼품없이 자란 나무라 할지라도 굳이 베어낼 필요가 없다면 길이 그 자리를 피해가야 한다. 우리가 조금 돌아가면 된다. 걷기 위해 찾은 산이 아닌가. 신작로 같은 넓은 길이 아니라 스치듯 비껴가는 운치 있고 정감 있는 오솔길이면 더 좋겠다. 이미 만들어진 길이라도 이용 빈도가 낮은 길은 과감히 입구를 막아 그들을 쉬게 해줘야 한다. 나무도 살리고 산의 속살도 더 보호하고.

숲속 길가의 조명도 문제이다. 밤마다 대낮처럼 불을 밝힌 불빛 때문에 저녁 숲의 낯빛이 창백하게 굳어가고 있다는 사실을 모르는 것일까. 지자체는 밤에 산을 찾는 사람들의 안전을 위해 불을 켤 수밖에 없다고 얘기할 것이다. 관광객들에게 야경을 자랑하고 싶을지도 모른다.

그러나 자연은 자연 그대로의 모습일 때 가장 자연스럽다. 낮인지 밤인지 혼돈이 계속된다면 숲속의 질서는 깨지고 말 것이다. 잎사귀는 시들시들 말라가고 산짐승, 날짐승은 불면의 밤을 뒤척일 수밖에 없다. 자연이 병들면 그 깊은 상처는 부메랑 되어 우리 인간을 덮친다는 사실을 모르는 사람이 있을까. 자연과 함께 걷고, 자연과 함께 꿈을 꿀 수 있는 환경이라야만 우리도 행복해질 수 있다. 상생은 자연이 우리에게 건네는 최고의 선물이다.

파두

몇 차례 자다 깨기를 반복한 후 눈을 떴다. 창가에 앉은 아내가 창문을 살짝 밀어 올리자 주홍빛 햇살이 훅 덮치듯 빨려 들어왔다. 어느새 창밖 구름발치로 빨갛게 동이 터 오고 있다. 어둠을 털어낸 은빛 날개는 그렇게 가슴을 붉게 물들이며 페르시아만 상공을 날고 있다.

참 멀리도 날아왔다. 카타르 도하를 경유해 스페인 마드리드를 거쳐 포르투갈 까보다 로카까지 왔으니 말이다. 지구 끝까지 달려온 셈이다.

몇 걸음을 더 바다 쪽으로 걷는다. 140m 높이의 수직 적벽에 코발트빛 대서양이 맞닿아 있다. 바람도 퍼렇게 물이 든 유라시아 대륙의 최서단, 땅이 끝나고 바다가 시작되는 곳. 바람이 분다. 차가운 바람이 옷깃을 파고든다. 막사국이라고 했던가. 선인장 같기도 하고. 이름 모를 야

생화들이 여행객을 맞이한다. 흔들리며, 넘어지며 앞섶이 풀린 채로....

어디에서 왔을까. 어디로 가는 걸까. 쪽빛 파도가 발아래 하얗게 부서진다. 다시 하나가 되어 먼바다로 달려간다. 사라져간다. 시간을 잴 수 없는 무수한 세월 동안 바다는 저렇게 밀고 당기기를 반복하며 시퍼렇게 살아 오늘에 이르렀을 것이다.

그런 바다를 등에 업고 대서양을 건너고, 아프리카 항로를 뚫고, 신대륙을 개척하는 등 '대항해시대'를 연 포르투갈 사람들. 지금 그 호카곶 끝에 서서, 바다를 사이에 두고 떠난 자와 남은 자로 갈려 몸부림쳤을 한(恨)의 의미를 생각한다. 평생 바다를 끌어안고 아프게 살아왔을 그들에게서 이 순간 묘한 정서적 동질감을 느낀다면 지나친 비약일까.

세계지도를 다시 그리기 위해 호카곶을 출발한 탐험가든 고기를 잡기 위해 작은 목선을 타고 남도의 어느 항구를 떠나는 어부든 바다에 목숨을 걸긴 마찬가지이었을 것이다.

그러고 보니 이곳 호카곶에서 대서양을 횡단해 가면 뉴욕의 자유의 여신상이 나오지만 태평양을 가로질러가면 우리나라의 화진포와 장산곶을 만날 수 있다고 한다.

그래서일까. 호카곶에 도착하기 전 자동차 안에서 파두(Fado)라는 음악을 만났는데 낯설지가 않았다. 깊고 애잔한 분위기. 그리움이 짙게 밴 선율. 내가 사는 남도의 바닷가 사람들이 즐겨 부르는 가락을 듣는 듯한 착각에 빠졌었다.

세계의 여러 음악 장르 속에서 특별한 영감을 전하는 중요한 테마 중의 하나가 바다라고 하지 않던가. 바다가 삶 자체라 할 수 있는 섬이나 항구의 사람들은 바다를 온몸으로 보듬고 느끼며 인생의 희로애락을 노래해 왔기 때문에 그 감성의 결이 같을 수밖에 없는 모양이다.

그래서 여기 유라시아 최서단 땅끝에서 듣는 파두의 선율과 진도 바닷가의 진도아리랑이나 완도항 어느 선술집에서 들려오는 트로트 가락, 혹은 목포의 달동네 온금동에 전해 내려오는 민속 음악이 '한(恨)'이라는 울림으로 서로 맥을 같이 하고 있는 것은 아닐까.

대항해시대가 남긴 진취와 멜랑꼴리. 그 두 정서를 노래하고 있다는 파두(Fado). 바다를 숙명처럼 받아들이며 살아왔을 리스본 사람들의 그늘진 삶이 내가 사는 목포의 후미진 바닷가 다순구미 사람들의 고달픈 삶에 묘하게 오버랩 되어 다가온다.

찬 바람 거세게 몰아치는 2014년 여름 어느 날, 호카곶을 출발해 리스본 시내로 향하는 버스 안에서 다시 듣는 파두. 굽잇길을 돌 때마다 대서양이 나타났다 사라진다. 떠난 자와 남은 자, 떠난 자와 남은 자. 가슴이 먹먹하다.

의병(義兵)은 살아있다

별들의 전쟁이 끝났다. 별들의 잔치가 끝났다. 썰물처럼 떠난 그들은 다시 전설이 되었다. 2018 FIFA 러시아 월드컵은 그렇게 올해도 막을 내렸다. 지역예선을 통과한 32개국 선수들이 펼친 경기에서 우리나라는 독일, 멕시코, 스웨덴과 함께 F조에 속해 16강 진출권을 놓고 한판 승부를 벌였었다.

그런데 초반부터 유럽과 남미의 강팀들을 만나서였을까. 힘겨운 싸움을 치러야 했다. 방방곡곡에서 함성과 탄식이 교차했고 밤잠을 설친 국민들도 많았다. 우리 선수의 시원한 골 득점 순간엔 온 나라가 거대한 함성의 도가니로 타올랐다.

러시아 월드컵, 비록 16강 진출엔 실패했지만 기분 좋은 장면이 많았다. 독일과의 경기는 월드컵 역사를 새로 쓴 일대 사건이었다. FIFA 랭킹 1위를 2 대 0으로 격파한 것도 놀랍고, 아시아 최초로 독일을 물리친 것도 대기록이었다.

그날, 우리가 독일과 혈전을 벌이고 있는 시간에 같은 조의 스웨덴과 멕시코도 한판 붙고 있었다. F조 최종 순위를 결정지을 두 경기가 동시에 진행되고 있었던 셈이다. 전반전엔 모두 득점 없이 끝났다. 후반전 들어서는 멕시코가 스웨덴에 3골을 내줬고 경기는 먼저 종료됐다. 한국이 독일을 이겨야만 멕시코의 16강 진출이 확정되는 상황이 만들어졌던 것이다.

1등과 61등의 싸움. 우리 팀이 독일을 이기리라고 누가 예상이나 했겠는가. 전 후반 90분이 득점 없이 지나가고 추가 시간 9분이 주어졌다. 그때 기적이 일어났다. 김영권 선수의 선취골, 손흥민 선수의 쐐기 골이 빵빵 터진 것이다. 세계가 환호했다.

물론 멕시코에서도 난리가 났다. 우리가 독일을 물리친 순간 멕시코의 16강이 확정됐기 때문이다. 멕시코 국민들은 자신의 팀을 응원하러 갔다가 한국을 응원하기 시작했고 우리가 이기자 멕시코가 열광했다. 경기 관람을 마치고 나오는 한국인들을 헹가래 치며 기쁨을 함께 나누기도 했다.

느닷없이 우리 한국을 형제의 나라라고도 했다. 멕시코

의 한 소년은 '한국은 어디에 있나요?'라는 질문을 던지고 자신의 가슴을 가리키는 사진을 페이스북에 올리기도 했다. 자신의 마음속에 이미 대한민국이 자리 잡고 있다는 의미였을 것이다. 보는 나도 뭉클했다. 월드컵은 이처럼 지구촌을 하나로 연결해 주고 있었다.

우리 청와대 국민청원 게시판도 뜨겁게 달아올랐다. 독일전 승리 뒤에 손흥민과 조현우의 병역을 면제해달라는 청원이 쏟아졌다. 심지어 손흥민 대신 군에 입대하게 해달라는 청원도 등장했다. 이미 군 복무를 마쳤지만 손흥민 선수를 대신해 군에 갈 각오가 돼 있다며 기염을 토하는 사람까지 나왔다. 실현 가능성 유무를 떠나 발상이 기발하고 재미있다. 거기에 애국심마저 느껴졌다. 월드컵이 감동을 넘어 국민들에게 나라 사랑의 마음까지 들게 했으니까 말이다.

이번 청와대 청원게시판을 보면서 떠오른 게 '사이버 의병'이다. 온라인상에서 애국을 실천하는 일종의 네티즌 의병(義兵) 말이다. 지금 21세기에 사이버 의병들이 맹활약을 하고 있다면 조선 시대에는 전쟁터를 직접 누비고 다닌 의병(義兵)이 있었다. 누란의 위기를 구하기 위해 팔도에서 자발적으로 떨쳐 일어난 백성들이 있었다. 오늘날의 사이버 의병들이 명분을 걸고 활동을 한다면, 의병은 목숨을 걸고 생과 사의 갈림길을 누볐다고 할 수 있겠다. 절박함에 있어 정도의 차이는 크겠으나 나라를 걱정하는 마음만은 같다고 할 수 있지 않을까.

동북공정 등 역사 전쟁의 선봉에 선 사이버 의병들의 왕성한 활약도 나라를 구하기 위해 분연히 일어섰던 수많은 의병들의 얼을 이어받아 탄생했을 것이다. 400여 년을 훌쩍 뛰어넘는 세월, 전쟁터와 사이버라는 시공간은 달라도 나라 사랑의 정신만은 면면히 이어져 내려오고 있어 참으로 다행스럽다.

지금, 그날의 함성이 들리는 듯하다. 저만치 지축을 뒤흔드는 말발굽 소리가 달려오고 있다. 의병은 살아있다. 하늘의 별로 떠 이 땅을 비추고 있다. 나라를 구하고 스러져 별이 된 저 이름 없는 뭇별들과 함께, 오늘도.

시문학지(詩文學誌), 시조를 담다

초목에 싹이 트는 우수가 지났다. 백련사 동백꽃 피고 지고 내가 사는 월남리 계곡의 홍매화도 꽃망울을 터뜨렸다. 다시 찾아올 환한 봄날, 코로나19가 봄눈 녹듯 사라지고 나면 풀빛으로 물이 든 햇살들 거느리고 우리 강진을 찾는 관광객도 늘어날 것이다. 이런 남도의 길목에서 필자의 광고 카피(copy)도 한몫을 할 거라는 생각에 군민의 한 사람으로서 뿌듯함을 느낀다. '내 마음이 닿는 곳 강진'이 우리 강진의 초입에서 관광객을 먼저 맞고 있으니 말이다. 내가 만든 관광 슬로건의 키워드는 감성이다. 설렘이다. 하루 이틀 훌쩍 떠나고 싶어 하는 사람들의 감성을 살짝 터치해 강진으로 발길을 돌리게 하자는 의도가 들어 있다.

강진은 참 감성적이다. 산이 있고 강이 있고 바다가 있다. 독특한 문화가 있고, 살아 숨 쉬는 역사가 있다. 반도의 끝자락 강진은 상당 부분 감성과 맞닿아 있다. 1930년에 창간된 시 전문지 '시문학'을 중심으로 한 순수시 운동의 역사가 그렇다. 순수시가 개인의 정서에 중점을 둔 시이기 때문이다. '시문학'은 1930년 3월 창간호가 발간된 후 그해 5월과 이듬해 10월 3호를 끝으로 종간돼 아쉬움이 크지만 문학사에 남긴 업적은 크다.

그런데 '시문학'에 우리 시, 시조가 실려 있다는 사실을 아는 사람은 몇이나 될까. 그 부분에 대해 언급하는 사람을 나는 아직 만난 적이 없다. '시문학' 창간호 편집 후기에 "제1호는 편집에 급한 탓으로 연구 소재가 없이 되었다. 앞으로는 시론, 시조, 외국 시인의 소개 등에도 있는 힘을 다하려 한다"라고 적고 있는데도 말이다.

영랑과 함께 1930년 '시문학'을 창간해 편집과 재정을 맡았던 광주 광산 출신 용아 박용철은 이미 시문학 1호에 〈비 내리는 날〉이라는 시조를 발표했다. 2호에도 박용철은 〈우리의 젖어머니〉라는 3수로 된 연시조를 상재했고, 수주 변영로 역시 〈고운 산길〉이라는 제목 아래 3편의 시조를 2호에 발표했다. 또 박용철은 〈애사哀詞 중에서〉라는 큰 제목 아래 '그대의 돌아가신 날' 등 6편을 제3호에 실었다.

영랑은 1호에 〈사행소곡四行小曲 7수〉, 2호와 3호에 각각 〈사행소곡 5수〉 등 제목부터 사행시라고 이름 붙인 다수의 사행시를 시문학에 발표했다. '오-매 단풍 들것네'로 잘 알려진 〈누이의 마음아 나를 보아라〉와 '돌담에 속삭이는 햇발같이'로 시작하는 〈내 마음 고요히 고운 봄 길 위에〉 역시 4행 2연으로 된 시이다. 영랑은 유독 4행시를 많이 남겼다.

시조가 초장, 중장, 종장의 3장을 갖춘 시인데 반해 영랑이 주로 쓴 이런 사행시는 말 그대로 네 줄로 된 시이다. 시조가 각 장이 4음보(걸음)이고 종장의 첫 음보는 3음절, 두 번째 음보는 5음절에서 7음절까지라는 규칙이 있지만 4행시는 자유로운 시다. 시문학지가 3호로 종간되지 않았다면 더 많은 시조가 실렸을 것이고 영랑도 어쩌면 우리 시 시조를 지었을 텐데 하는 아쉬움이 남는다. 누구보다도 나라를 사랑하고 민족주의자였던 그의 족적을 봐서도 그렇다. 강진 출신 현구는 '시문학' 2호와 3호에 시조처럼 각 행을 4음보로 처리한 시를 많이 남겼다.

시조를 쓰는 사람으로서 안타까운 것은 용아 박용철이 34세로 요절했고, 영랑과 현구는 한국동란의 희생자가 돼 일찍 세상을 떠났다는 사실이다. 또 시문학파의 일원이었던 정인보가 시문학지에 번역시만 발표했다는 거다. 정인보가 누구인가. 1926년 최남선, 이병기, 이광수, 이

은상 등 당대 최고의 시조 시인들과 국민문학파라는 이름으로 시조부흥운동을 펼쳤던 문인이 아니던가. 전조선문필가협회 회장을 역임한 정인보는 순수 우리말을 주로 골라 쓴 시조 46편의 '담원시조집'을 출간할 정도로 시조를 사랑했지만 '시문학'에서는 그의 시를 찾을 수 없어 아쉬움으로 남는다.

천년 전통의 시조가 품은 압축과 절제, 긴장과 이완의 묘미야말로 세상 어느 곳에 내놓아도 당당하고 자랑스러운 우리 한국인의 정신 그 자체라고 할 수 있다. 필자가 시, 시조, 수필 등의 장르에 등단하고도 시조의 매력에 빠져 수필과 함께 시조를 주로 쓰고 있는 이유가 거기 있기도 하다. 2020 새봄, 우리 강진 문학, 나아가 한국 문단이 다양한 장르의 창작활동으로 더 풍성해졌으면 좋겠다. 감성을 품은 강진이 관광객으로 더 붐볐으면 좋겠다.

제3부

받침 없는 편지

제3부

받침 없는 편지

반침 없는 편지

40여 년 전 초등학교 시절, 나는 아침 등교 전에 뭔가 성에 차지 않는 일이 생긴 날은 어김없이 못된 반항심으로 어머니를 힘들게 했다. 돌이켜 보면 철부지도 그런 철부지가 있었을까 하는 생각에 얼굴이 화끈 달아오른다.

그때 어머니에게 불만을 겉으로 나타내는 내 행동 중의 하나는 아침밥을 거른 채 도시락을 팽개치고 학교에 가는 거였다. 그런 날 어머니는 어김없이 십리 길을 걸어 학교로 점심 도시락을 가져오곤 하셨다.

꽁보리밥 도시락을 들고 교실 안을 기웃거리시는 어머니는 밭일을 하시다 시간 맞춰 부랴부랴 달려오셨을 것이다. 때가 절은 일바지에 헝클어진 덩덕새머리, 여름 뙤약볕에 거무죽죽 탄 어머니의 모습을 보고 쥐구멍이라도 찾고 싶었을 정도로 부끄러웠었다. 교실 유리창 밖으로 얼보이는 어머니를 피해 줄달음질로 도망가 어디든 숨고 싶었던 못난 기억이 어제 일처럼 생생하다.

초등학교 친구 K는 졸업한 지 40년이 훌쩍 지난 지금도 잊을만하면 전화를 걸어온다. 울산 어딘가에서 살고 있다고 했다. 어머니 생전에는 늘 “어머니 잘 계시지?”하고 어머니 안부부터 묻곤 했던 K. 한참 후에 알게 된 일이지만 그가 어머니를 먼저 찾는 데는 이유가 있었다. 친구의 눈에 도시락을 갖고 오신 나의 어머니는 세상에서 가장 멋지고 아름다운 모습으로 비쳤던 모양이다. K는 보육원 아이였다.

내 친구의 기억에 부러움으로 남아 계신 어머니가 우리 곁을 떠난 지 7년이라는 세월이 지났다. 고혈압으로 쓰러져 세상을 뜨셨는데 그때를 생각하면 아쉬움을 넘어 절절한 뉘우침마저 포개진다.

평소 어머니의 혈압이 높아 실살스럽게 약 먹는 일을 챙기는 아내와 외고집으로 맞서는 어머니는 심심찮게 타시락거렸었다. “아픈 곳도 없는데 왜 귀찮게 약을 먹어야 하느냐”며 약 먹기를 마다하시는 어머니와 그때마다 어찌할 바를 몰라 머쓱 굳어 버리는 아내 틈에 껴들어 나도 “어머니, 약을 제대로 드시지 않아 쓰러지면 그때는 아예 못 일어나실지도 몰라요”라며 사뭇 통사정을 해보지만 어머니는 "이런 좋은 세상에 무슨 그런 병이 있느냐"며 믿지 못하는 눈치셨다. 그래도 아내는 꼬박꼬박 아침 식사 후 혈압약을 식탁에 올렸고 시어머니가 드시는 걸 확인하고서야 마음을 놓곤 했다.

그러던 어느 해 초겨울, 어머니가 친척 결혼식에 참석하시느라 사나흘 집을 비우실 일이 생겼었다. 물론 어머니는 아내가 꼼꼼히 챙겨드린 혈압약과 매일 꼭 드셔야 한다는 며느리의 당부를 간직하고 집을 떠나셨다.

그런데 어머니는 며칠 후 안면 마비 상태로 돌아오셨다. 약을 드시지 않아 버린 것 같았다. 입술만 겨우 달삭거릴 뿐, 안타까운 표정으로 우리를 쳐다만 봤다.

어머니는 1년여의 투병 생활을 하시다가 하얀 눈이 서러운 겨울 우리 곁을 떠나셨다. 중환자실에 누워 계시는 동안 한마디 말씀도 못 하시고 우리와는 눈만 맞추셨다. 그렇지만 맘속으론 많은 얘기를 하셨을 것이다. 정말 그 말만은 꼭 하고 싶었을지도 모른다.

어머니가 먼 길을 떠나신 후 어머니의 빈방 진열장 위에서 백만 원이라는 큰돈이 발견됐다. 어머니는 돈을 꼬깃꼬깃 종이로 싸고 겹겹이 비닐로 묶어 손이 닿지 않는 본인만의 비밀금고에 보관해 두셨던 것이다. 유독 작은 키의 어머니가 그 높은 곳에 용돈을 아껴 돈을 맡기신 데는 이유가 있었을 것이다. 어머니 당신보다는 언젠가 자식을 위해 써야겠다는 생각을 갖고 계시지 않았을까. 중환자실에 누워 얼마나 그 얘기를 하고 싶었을까. 진열장 꼭대기 깊숙한 곳에 백만 원이 있을 거라고 그리고 손자가 대학 들어가면 뭐라도 사주라고... 안타까운 비밀을 간직한 채 눈을 감으셨을 어머니를 생각하면 지금도 가슴이 미어진다.

글을 배우신 적이 없었던 어머니는 당신의 방 벽에 걸린 달력에 아버지가 돌아가신 날 이후의 하루하루를 연필로 동그라미 표시를 해 두시기도 하셨다. 생전에 아버지를 대할 때 조금은 덜 살갑다는 생각이 들었고, 아버지가 몇 년 동안 병중에 계시다 돌아가셨기 때문에 아버지에 대한 그리움이 그렇게 절실하고 큰 줄은 몰랐었다. 난 그런 어머니의 상실감과 쓸쓸함을 미처 헤아려드리지 못한 불효자였던 것이다.

팔십 평생을 까막눈으로 사셨던 어머님은 생전에 노인학교를 열심히 다니셨는데 거기서 깨우친 한글 실력으로 목포에 사는 여동생 집을 찾아갔다가 아무도 없자 '박일심 하머이 아다 가다'란 쪽지를 아파트 현관문에 붙여놓고 가셨던 모양이다. 손자를 생각해 본인을 할머니라고 쓰셨는지 아니면 주변에서 모두 다 할머니라고 부르니까 그렇게 적으셨는지 모르겠지만 받침이 빠지고 맞춤법이 틀린 그 쪽지는 동생이 나에게 건네줘 우리 집에 간직하고 있다. 어머니 유품 중의 하나로 어머니가 그리워 애가 터질 때면 지금도 꺼내놓고 보곤 한다.

어머니가 돌아가시고 나니까 모든 게 후회로 돌아온다. 친척 집에서 쓰러지시기 전에 어머니가 조금 이상하다는 전화를 받았었고 그때 이미 뇌혈전증의 전조 증상이 나타났던 것 같은데 나는 그냥 "빨리 집으로 오시라고 하세요"라며 별다른 조치를 취하지 않았었다. 그곳의 가까운 병원으로 옮겨 응급조치만 받았어도 중환자실에서 힘들게 돌아가시지는 않았을지도 모른다.

어머니가 남기신 백만 원은 어머니를 위해, 어머니가 좋아하실 일에 보태고 싶었는데 그것도 차일피일 미뤄 실행에 옮기지 못하고 오늘에 이르고 말았다. 살다 보면 요긴하게 쓰일 일이 생길지 모르겠다.

십 리 길 강진 장에 푸성귀 몇 다발 팔러 나가 해 질 무렵 몇 개의 풋사과, 가래떡과 바꾸신 후 의기양양 팔을 휘저으시며 신작로를 돌아오시던 어머니. 늘 배고픔에 시달리는 자식들에게 뭔가 맛있는 걸 먹이고 싶어 과일 장수와 떡 파는 아주머니에게 통사정했을 어머니의 애처로운 눈동자를 생각하면 어머니는 그대로 눈물이시다.

어머니를 단 한 번만이라도 뵐 수만 있다면, 맘 놓고 울 수만 있다면... 그 눈물의 장강(長江) 속으로 나도 받침 없는 편지를 쓴다. '어마 보고 시어요, 우고 시어요'.

다시 부르는 노래, 울 어머니 하얀 꽃

오늘도 그 언덕에 앉아 있습니다. 구강포 물굽이를 닮은 신작로가 국수 가락처럼 휘어져 있네요. 길은 반세기 전 그대로인데 왜 저리 낯설게 느껴질까요. 우두봉을 타고 내려온 땅거미가 동네를 한 바퀴 돌아 당신에게 달려갑니다. 가물가물 당신이 걸어옵니다. 유독 키가 작아 보입니다. 두 팔을 휘저으시고 오시네요. 광주리를 머리에 이고 오십니다. 가파른 골목길을 구르듯 뛰어 내려온 소년이 신작로로 내달리네요. 동구 밖에서 소년은 어머니를 만납니다. 어머니의 광주리가 궁금하지만 소년은 묻지 않습니다.

오늘도 파장 무렵 당신은 푸성귀 몇 다발을 가래떡과 바꾸신 후 귀가를 서두르십니다. 당신의 얼굴에 노을이 지고 있네요. 얼마나 시장하실까요. 꽁보리밥 한술 뜨고

첫새벽 서둘러 집을 나섰었는데... 아마 십 리 길 강진장도 단숨에 달려가셨을 겁니다. 목 좋은 자리를 잡아야 했으니까요.

그러나 당신의 좌판은 항상 장(場) 밖이었습니다. 장 안에서 장사를 하려면 장세(場稅)를 물어야 했으니까요. 발길 뜸한 후미진 곳에서 종일 손님을 기다리십니다. 푸성귀가 말라갑니다. 당신의 애도 타 들어갑니다. 날이 저물어갑니다.

좌판을 거두고 장 안의 떡집을 찾아갑니다. 자식들을 생각하며 오늘도 통사정을 하시겠지요. 다 시든 채소 몇 다발과 가래떡 몇 개를 바꾸십니다. 애처로운 당신의 눈빛에 이슬이 맺혀 있네요.

어머니, 당신은 참 왜소하셨습니다. 키가 큰 아버지가 저에게 내리친 회초리 대쪽을 맨손으로 막으시다 손가락이 부러지기도 하셨지만 아들은 그때 당신의 그 아픔을 알지 못했습니다. 평생을 구부러진 손가락으로 험한 세상을 건너오셨지만 아들은 어머니의 고통을 전혀 헤아리지 못한 불효자였습니다.

어머니, 당신은 멀리서 저를 보고 계십니다. '괜찮다 괜찮다' 하십니다. 그러나 저는 괜찮지 않습니다. 모든 게 후회로 남습니다. 어른이 돼서도 어머니 모시고 여행다운 여행 제대로 한 적이 없습니다. 좋아하시는 음식 한번 밖에서 사드리지 못했습니다. 당신이 생전에 뭘 좋아하셨는지도 모릅니다.

그런데도 저는 스스로를 효자라고 생각했습니다. 아파트에 당신을 모시고 사는 것만으로 할 일 다 하고 있다고 여겼습니다. 집 근처 뒷산에 텃밭을 일구시며 날이 저물어도 돌아오시지 않은 어머니를 나무라기만 했지 그 깊은 뜻을 헤아리지 못한 불효자였습니다.

먼 길을 걸어 막내 딸 집을 찾았다가 문이 잠겨 있자 손수 키우신 고구마며, 옥수수, 상추를 우유 투입구에 밀어 넣고 아파트 현관문에 쪽지 한 장 남기셨다지요. '박일심 하머이 아다가다' 그렇게 돌아섰다지요. 당신의 그 허허로움을 미처 깨닫지 못한 아들은 참 못난 자식이었습니다. 그 「받침 없는 편지」는 당신이 막내딸에게 남긴 말이지만 저에게 들려준 이승에서의 마지막 문장이기도 합니다. 그 말씀을 받아 적으며 아들은 시를 짓고 수필을 썼습니다. 받침은 빠져 있었어도 당신의 말씀에는 한 획 한 획에 힘이 있었지요. 간절함과 울림이 있었습니다. 아들은 받침 없는 당신의 문장을 도용만 했지 그 속울음을 바로 듣지 못한 불효자였습니다.

어머니, 그런 당신은 눈물이십니다. 고향 집 초가지붕

처마 끝에 맺힌 눈물방울이십니다. 서나서나 물이 드는 주홍색 늙은 눈빛, 석양처럼 서러운 당신의 그 눈빛이 그립습니다. 그래서일까요? 유독 꽃을 좋아하셨던 당신은 아들의 시(詩) 속에서 낮은 데 낮은 곳에 서럽게 엎드린 '때죽나무'가 되었다가, 밟히고 베이면서도 산기슭을 지켜온 '삐비꽃'으로 은유 되기도 합니다. 그 때죽나무는 어느새 덩덕새머리 곱게 빗어 넘긴 초하의 하얀 종소리가 되어 제 가슴을 울리기도 하지요. 삐비꽃은 또 어떻습니까. 윤슬처럼 반짝이며 은발로 다녀가시는 울 어머니, 하얀 꽃이 되어 저를 찾아오시기도 합니다. 당신은 그런 분이셨습니다.

어젯밤 큰아들 내외가 전화를 걸어왔습니다. 어버이날 찾아뵙지도 못해 죄송하다면서요. 당신의 아들은 '괜찮다 괜찮다' 했습니다. 저도 어쩔 수 없이 이제 당신을 닮아가나 봅니다.

밤이 깊어갑니다. 그리움처럼 어둠이 쌓여갑니다. 오늘 밤엔 내 유년의 행복했던 순간들을 찾아 나서는 시간여행을 떠나보려고요. 우두봉 자락 샛골도 한번 갔다 오고 밭둑에도 올라가 보겠습니다. 당신과 함께 한 곳이면 어디든 다시 가보고 싶습니다. 여름날 풋나무를 해서 망태에 짊어지고 둘이서 내려오던 그 깔끄막은 여전할까요.

푸성귀로 돈을 산 그 강진장은 또 어떤 모습일까요. 어머니, 당신의 손을 꼭 잡고 갈게요. 우리 오래오래 함께 걸어요. 짧은 봄밤은 제가 잘 붙잡아둘게요.

아들의 선물

아들이 직장에 나가면서부터 아내는 가끔 불평을 늘어놨다. "이놈이 첫 월급을 받았으면 엄마 아빠 선물을 사줘야지. 생각이 있는 거야 없는 거야. 남의 집 애들은 다 첫 월급으로 엄마 선물을 사준다는데. 딸이면 안 그랬을 거야!" 심지어 딸 타령까지 나에게 하며 아들의 무심함을 섭섭해했다.

아내는 아들이 직장에서 첫 월급을 받은 날 이후 벌써 그런 기대를 하기 시작했다. 그래서 언젠가 내가 아들에게 살짝 귀띔했다. "엄마가 선물을 기다리는 눈치니까 엄마하고 네 동생에게 자그만 선물 하나 보내주면 좋겠다"고 얘기했다.

며칠 후 작은아들에게서 전화가 왔다. "배고플 때 호빵이나 사 먹어라"하며 "형이 현금 10만 원을 보내왔었다"고 했다.

그러나 그 후로도 아내의 선물 소식은 들리지 않았다. 이제나저제나 기다리다 2개월이 지났다. 아들의 정식 직장 출근 후 첫 월급날이 지났는데도 아무 연락이 없자 아내는 정말 섭섭해하는 눈치였다.

어느 날 아내가 거실에서 TV를 보고 있는 틈을 타 나는 안방에서 아들에게 살짝 전화를 했다. "잘 지내고 있느냐? 건강 잘 챙겨라" 등 의례적인 당부를 하고 나서 본론을 얘기했다. "엄마가 정말 네 선물을 기다리는 것 같다. 아마 아들이 보내준 선물 받았다고 주변에 자랑하고 싶어서 그런 것 같더라. 비싼 거 아니어도 되니까 한번 생각해봐라. 내 것은 필요 없다. 엄마에게 전화해서 필요한 것 한번 여쭤봐. 돈이 부족하면 내가 보내줄게" 아들은 별말 없이 그냥 "알았다"고만 했다.

몇 분 후 거실에서 아내가 누군가와 통화하는 소리가 들려왔다. 아들이 전화를 걸어 온 것 같았다. 나는 안방에서 모른 체하고 있었다. 그런데 한참이나 아내는 박장대소를 하며 통화를 했다. 나는 내 계획대로 잘 되어 가고 있구나 생각하며 쾌재를 불렀다. 시치미를 떼고 거실로 나갔다. 통화 중인 아내를 향해 "누군데, 밤중에 그렇게 재미있게 통화를 해?" 난 혼잣말처럼 중얼거렸다. 아내는 손을 저으며 조용히 하라고 했다.

통화를 끝낸 아내에게 뭐가 그리 좋으냐고 물었다. “아들하고 통화를 했는데 아들이 조금 전 당신하고 한 얘기를 모두 말해버렸다”고 했다.

순간 난 머쓱해졌다. 의리 없이 둘만의 약속을 폭로해 버리다니. 난 배신감을 느끼며 “아들이 뭐라고 그랬는데? 왜 그렇게 웃었어?”라고 묻자, 아내는 아들이 내가 한 얘기를 다 해 버렸을 뿐만 아니라 내가 한 말을 그대로 리얼하게 흉내까지 내 둘이서 배꼽을 잡고 웃었다는 것이다. 내가 “아들아, 내 것은 필요가 없다”고 한 말을 어느 유명 CF의 시골 아버지 투로 아들이 흉내를 냈다고 했다.

그런데 아내가 정작 좋아한 것은 다른 데 있었다. “그러잖아도 설에 선물을 가지고 내려가려고 준비하고 있어요.” 하는 아들의 얘기 때문이었다. 설 명절에 귀성객들이 선물 꾸러미를 손에 들고 고향을 찾듯이 자신도 그때 깜짝 선물을 가지고 오고 싶었다고 얘기했다는 것이다. 그런 아들의 속 깊은 마음을 우리 부부는 모르고 조급함을 떨었던 것이다.

아내를 더 기쁘게 한 것은 “운동할 때 필요한 이쁜 모자나 하나 사가지고 오라”고 하자 “그 정도면 10개도 넘게 사겠네요.” 한 아들의 통 큰 말이었다. 도대체 뭘 사 오려고 저렇게 큰소리를 치는지.

난 기다리지 못한 나의 가벼움을 후회했다. 아내가 무슨 말을 하든 아들에게 내가 전화만 하지 않았어도 올 설명절에 깜짝 선물 이벤트가 있었을 텐데. 그렇지만 나로 인해 아내와 아들이 오랜만에 맘껏 웃었으면 됐지.

며칠 후 아들에게서 다시 전화가 왔다.

"아빠, 통화 가능하세요?"

"응, 괜찮아. 그런데, 밤늦게 무슨 일이야?"

"엄마 옆에 계세요?"

"아니, 나 지금 운동 갔다가 집에 들어가는 길이다. 그런데 무슨 일 있어?"

"아빠, 엄마 핸드백을 사려고 백화점을 세 군데나 둘러봤는데 고를 수가 없어요."

아들은 요즘 무척 바쁘다고 했다. 그래서 잠시 짬을 내 거의 뛰다시피 백화점 몇 곳을 돌아다녔는데 마땅한 것을 살 수 없었다고 했다. 얼마 전 아들이 선물로 핸드백을 사겠다고 했더니 엄마의 주문이 매우 까다로웠던 모양이다. 가죽이 너무 반짝거려도 안 되고, 색상은 너무 튀어도 죽어서도 안 되고, 고상해야 하고 등등. 그래서 고르기가 힘들다는 얘기였다.

"아빠, 어떻게 할까요?"

"적당한 걸로 대충 사지 그랬어?"

"그런데 이제 시간이 없어요."

"내려오는 날 용산역 아이파크 백화점에서 사면 되잖아."

"아빠, 9시 10분 KTX잖아요. 그땐 백화점 문 열기도 전인데...."

정말 낭패였다. 바쁜 아들에게 너무 부담을 주고 있지 않나 하는 생각이 들었다.

"차라리 돈으로 드릴까요?"

"그것도 좋은 방법이다. 그러면 엄마가 자기 맘에 드는 물건을 살 수 있을 것 같은데...."

"그렇게 할게요. 이번에 내려가서 백만 원 드리고 다음에 다시 하나 사 드릴게요."

"뭐! 뭐라고? 백만 원이라고?" 나는 아들이 말한 백만 원이라는 얘기도 믿기지 않았거니와 다음에 또 사드리겠다니 도대체 무슨 말을 하는지 알 수가 없었다. 아들은 친구와 함께 늦은 저녁을 먹고 있다고 했다. 엄마의 선물을 사려고 돌아다니다가 저녁밥 먹을 시간을 놓친 것 같았다.

집에 들어와 아들과 통화한 내용을 아내에게 들려줬다. 아내는 핸드백 소리만 들어도 기분이 좋은 모양이다. 현금으로 가져올 거라고 말하자 자신의 취향에 맞는 핸드백을 살 수 있게 됐으니 차라리 잘 됐다고 얘기했다.

아들이 내려오기로 한 전날 밤. 아내는 아들에게 전화했다. 조심해서 잘 내려오라는 안부 전화였다. "현금 잘 챙겨 오라고 해. 백만 원이면 큰돈인데, 복잡한 지하철에서 소매치기라도 당하면 큰일이잖아. 다른 돈도 아니고" 나는 웃으면서 말했다. 아내는 그건 생각도 못 했다면서 아들에게 신신당부했다.

"차라리 잘됐네. 올해 회사에서 보내주는 해외여행 때 사면 딱 좋겠어."

직원연수 명목의 해외여행 기회가 있기 때문에 그때 면세점에서 사자고 하니까 아내는 더욱 좋아한다.

작년 봄 동유럽에 갔을 때 오스트리아 빈 거리에서 커피를 한잔 마시고 백화점에 들어가 핸드백 구경을 했었다. 그곳에서 아내가 아주 예쁜 색깔의 보랏빛 핸드백을 사고 싶어 했는데 내가 사지 말자고 했었다. 지금 생각하니 그게 가격도 크게 부담되지 않았었고 보기에도 참 좋았던 것 같다.

돌아오는 길에 독일 프랑크푸르트 공항 면세점에서 또 핸드백 구경을 하고 다녔는데 그곳에서의 값은 만만치가 않았다. 그래서 아내는 빈에서 본 그 보랏빛 핸드백을 늘 아쉬워하곤 했다. 아내는 그만큼 핸드백을 특별히 좋아했다.

설 하루 전날, 드디어 아들이 도착했다. 그런데 아들의 손에 큰 쇼핑백이 들려 있었다.

무슨... 선물을 사가지고 왔나? 우린 아들과 쇼핑백을 번갈아 바라보았다.

"이게 뭐야? 핸드백 아니야?" 아내가 소리쳤다. 아들은 그냥 웃기만 했다

"이게 뭐냐고?"

"예, 사실은 그날 밤 핸드백을 샀었어요."

우린 어안이 벙벙했다.

"뭐야?"

어이가 없어 모두가 한바탕 웃을 수밖에 없었다. 모두 다 아들이 만든 해프닝이었다. 우린 그걸 까맣게 모르고 요란을 피웠다. 엊그제 아들이 나에게 전화했을 땐 이미 맘에 드는 핸드백을 구해놓고 다른 말을 했던 것이다. 엄마가 옆에 있느냐고 물었던 것도 엄마 귀에 핸드백을 사지 못했다는 얘기가 들어가길 바랐기 때문에 아들이 물은 말이었던 같았다.

아들은 말 그대로 깜짝 선물을 준비하고 싶었던 것이다. 나 때문에 설 이벤트가 한때 물거품이 됐었는데 아들은 다시 반전을 노리고 있었던 것 같았다. 나는 아들에게

멋지게 KO패를 당했지만 아들은 설에 선물을 사들고 고향을 찾겠다는 약속을 지켰다. 설 전야 아들의 마음이 묻은 선물로 집안 가득 따뜻함이 번져 갔다. 그렇게 섣달 그믐날 밤이 지나갔다.

아내의 눈물

남자들 둘이 모이면 군대 얘기를 한다고 했던가. 그런데 나는 불행하게도 그런 기억이 없다. 시력이 좋지 않아 일찌감치 군 면제를 받았기 때문이다.

아주 오래전 일이지만 솔직히 군대라는 곳에 가보고 싶은 생각을 해 본 적도 있었다. 어린 시절을 강진 우두봉 아래 작은 산골 마을에서 보낸 탓인지 내성적으로 자랐던 것 같다. 낯선 사람 앞에서 얘기하는 건 정말 싫었고 특히 남 앞에서 노래를 부르는 일은 두려움을 넘어 숨이 멎을 정도였다.

성장해서도 그 성격은 변하지 않았다. 그래서 군대에 가면 좀 달라지지 않을까 하는 생각을 해봤던 것이다. 돌이켜보면 참 순진하고 단순한 생각이었던 같기도 하다.

장남은 공익 근무를 했다. 아빠는 면제를 받았고 큰아들은 이등병 제대를 했으니 조금은 체면이 서지 않는 일이었다. 그러던 차에 다행스럽게도 작은아들이 현역 판정을 받고 군 복무를 시작하게 된 것이다.

그런데 아들이 논산 훈련소에 입소한 그날부터 우리 부부의 아픔도 시작됐다. 그간 경험해 보지 못한 충격 때문이었을까, 늘 여리게만 느껴졌던 작은 아들의 입영 때문이었을까, 어쨌든 군에 간 아들 생각에 아내와 나의 가슴은 늘 아려왔다. 매일 밤 입대한 아들을 둔 부모들이 자주 찾는 인터넷 홈페이지를 들락거리기도 했다.

노심초사 그렇게 시간은 흘러갔다. 훈련소에 아들을 맡기고 눈물을 흘리던 아내의 손을 꼬옥 잡아주던 때가 엊그제 같은데 벌써 여러 날이 훌쩍 지나간 것이다.

아들이 처음 논산 훈련소에 입소하던 날이 생각난다. 교관이 훈련병들을 연병장에 모아놓고 훈시를 했다. 휴대폰, 담배 등 소지품을 지니고 있는 사람은 하나도 남김없이 스탠드에 앉아 계시는 부모님께 맡기고 오라는 내용이었다.

까까머리 신병들이 우르르 달려 나왔다. 아들도 우리에게 왔다. 짧은 순간 아내는 아들을 끌어안고 또 눈물을 글썽였다. 아들은 다시 돌아갔다.

빈손인데 아들이 왜 나왔느냐고 아내에게 물었다. 아내는 대답했다. 가까이서 얼굴을 한 번이라도 더 보기 위해서 아들에게 그냥 나오라고 미리 말해뒀다고 했다. 소지품 반납 시간이 있다는 것을 아내는 어디서 들었던 모양이다.

열병식을 마친 신병들이 연병장에 모이지 않고 운동장 저편으로 차례차례 멀어져 갔다. 사라져 가는 아들을 먼발치서 바라보는 그 심정이란 자식을 군에 보내 보지 않은 사람들은 모를 것이다.

아들이 훈련소에 있는 동안 참 많은 걸 느꼈다. 가끔 인터넷 '나팔소리'라는 곳에 접속해 훈련병을 둔 여러 부모의 속마음도 읽었다. '자대로 가기 위해 아들이 훈련소에서 나오는 날, 훈련소 앞에 기다리고 있다가 행진 중일 때 잠깐 얘기를 나눌 수 있다고 하더라' '논산역에 미리 가 있다가 운이 좋으면 잠시 얼굴이라도 볼 수 있다고 하더라' 자식을 그리워하는 부모들의 마음에 눈물이 날 정도였고 모두 이해할 수 있었다.

아들을 훈련소에 보낸 이후 나의 자식뿐만 아니라 '모든 아들딸들이 참 소중하구나' 하는 생각을 자주 하곤 했다. 아들도 훈련 기간 내내 가족에 대한 그리움, 함께 살아가는 모든 사람의 소중함에 대해 깊이 생각하고 있는 것 같았다.

삼복더위가 꼬리를 감춰가던 8월 어느 날, 드디어 군

에 간 아들에게서 첫 전화가 왔다. 논산에서의 5주 훈련을 마치고 육군정보통신학교 후반기 교육에 들어간 것이다. 아내는 떨리는 음성으로 그간의 안부를 물었다. 잘 있고 교육도 열심히 받겠다고 아들은 얘기하고 있었다. 전화는 아무 때나 할 수 있는 게 아니고 정해진 날에만 가능하다고 하였다. 몇 마디 대화가 오간 후 아들이 벌써 전화를 끊으려고 하는 모양이다. 뒤에 순서를 기다리는 동료들이 있는 것 같아 아내는 긴 통화는 하지 못하고 마무리를 지을 수밖에 없었다.

그런데 마지막으로 아내는 아들에게 "밥 잘 먹고...."라고 얘기하면서 더 이상 말을 잇지 못하고 갑자기 큰소리로 울음을 터트리면서 전화를 끊었다. 나는 갑작스러운 아내의 행동에 깜짝 놀라 "그렇게 울먹이면서 전화를 끊으면 아들 마음이 어떻겠느냐"고 나무랐다.

그렇지만 그건 아내의 잘못이 아니었다. "밥 잘 먹고" 이렇게 얘기하자 아들 녀석이 "엄마도(식사 잘해)" 그러면서 음성이 울먹이듯이 변하더란 것이다. 그 순간에 전화는 끊어졌다. 안타까움에 아내가 울었고 나도 그만 울고 말았다. 다른 때 같으면 "밥 잘 먹어" 하면 그냥 "예, 알았어요" 하고 말았을 텐데, 아들은 이제 엄마 걱정을 하고 있었던 것이다.

며칠 후 그 아들을 만나기 위해 길을 떠났다. 전날 맞춰 둔 떡을 찾고 몸에 좋다는 세발낙지를 챙겨 아침 일찍 목포를 출발했다. 고속도로변엔 때 이른 낙엽이 뒹굴고, 파란 물감을 풀어 놓은 듯 하늘은 잔잔한 호수되어 밝게 빛나고 있었다.

가는 도중 내내 아내와 나는 많은 생각에 잠겼다. '우리 성필이가 어떻게 변해 있을까'(체중이 많이 줄었다는데), '요즘 마음은 어떤 상태일까'(자대를 특전사로 배치 받았다는데), '만나면 충성 구호를 외치며 경례를 할 것인가'(집에서 하는 말소리 옆에서도 듣기 힘들 정도인데)

드디어 대전 유성에 위치한 육군정보통신학교 면회장에 도착했다. 거기 나와 있던 행정병에게 얘기했더니 10분 정도 기다리란다. 면회실 옆 플라타너스 그늘에는 비치 파라솔이 준비돼 있었는데 먼저 도착한 사람들은 벌써 만남의 시간을 보내고 있었다.

한참을 기다리고 있는데 3명의 장정이 절도 있게 역시 나무 그늘 밑에 마련된 책상 앞으로 다가가 신고를 하고 있었다. 아내는 그들 사이에 아들이 있지 않으냐고 물었다. 그러나 나는 아들이 아니라고 얘기했다.

그런데 거기에 아들 성필이가 있었다. 성필이는 뚜벅뚜벅 환한 미소로 우리에게 다가와 '충성' 이렇게 외쳤다.

그렇게 감격의 만남은 이뤄졌다. 살이 빠진 데다 모자를 눌러써 우리가 미처 알아보지 못했던 것이다. 표정에는 여유가 있었고 자세에는 의젓함이 배어 있었다. 입대 70일 만에 아들은 그렇게 변해 있었다.

준비해 간 음식을 먹으며 그간의 이런저런 군 생활에 대해 얘기했다. 집에서 통화를 할 때 아들은 떡이 먹고 싶다고 했다. 우린 떡을 동료들에게 주려고 그러는 줄 알았다. 그러나 내무반에 음식을 가져갈 수 없다고 했다. 마침 군에서 맞은 첫 추석에 송편이 나왔었는데 그걸 맛있게 먹은 모양이다. 집에 있을 땐 좋아하지 않았던 떡을 그렇게 맛있게 먹다니. 점심을 먹고 사진을 찍고 동료들과의 단체 사진도 찍어주었다. 그렇게 플라타너스 그늘에서 6시간 반을 보냈다.

이제 헤어져야 할 시간, 아침 9시부터 오후 5시까지 허용된 면회 시간이 끝나고 작별의 순간이 다가오자 아쉬움이 조금씩 고개를 들었다. 아들은 일어설 기미를 보이지 않고 있었다. 어느덧 오후 4시 반, 우리는 자리에서 일어났다. 주차장으로 아쉬운 발걸음을 옮겼다. 그리고 잘 지내라는 말과 함께 가볍게 포옹을 해주고 자동차 안으로 들어왔다. 아내도 따라서 들어왔다. 나는 아내에게 얘기했다. "아들 손이라도 한번 잡아주지 왜 그냥 들어오느냐"고. 아내는 자동차에서 자리에 앉으려다 다시 나갔다, 아들의 손을 잡아주고 포옹을 했다. 오랫동안... 그리고 차 안으로 들어오는데 거의 울음 폭발 직전이었다. 나도 울컥 눈물이 쏟아졌다. 눈물이 앞을 가렸다. 자동차는 서서히 움직이기 시작했다. 순간 '충성' 하는 아들의 음성이 차창 밖에서 들려왔다. 우리는 울음을 참느라 아들에게 아무런 말도 할 수가 없었다.

굽잇길을 돌아오면서 차를 멈추고 주차장을 바라봤다. 아들은 아직 그 자리에 그대로 서서 눈물을 훔치고 있었다. 엄마가 손을 흔들자 아들도 따라 손을 흔들었다. 그렇게 우리는 자운대를 빠져나왔다.

호남고속도를 달려 집으로 오는 길에 아내에게 물었다. "처음에 왜 아들 손도 잡아주지 않고 자동차 안으로 그냥 들어왔느냐"고. 아내는 말했다. "손을 잡고 안아주고 그러면 눈물이 날 것 같아서 그대로 들어왔었다"고. 우린 아들과 그렇게 헤어졌다. 호남고속도로 지평선 너머로 그리움 짙은 노을이 붉게 물들고 있었다.

고부 싸움

눈이 엄청나게 내렸었다. 눈이 더 내릴 거라는 예보가 있어 서둘러 길을 다시 떠난 사람들도 많았다. 부산에서 서울에서 의정부에서 그리고 제주에서까지 눈보라를 헤치고 온 사람들, 그들에게 참 많이 미안했다. 눈이 많이 내려 오는 길이 힘들었지만 그래도 설경 하나는 최고라고 위로하는 사람들이 있어 조금은 위안이 되기도 한 날이었다.

장남은 그렇게 함박눈이 쏟아지던 날 결혼식을 올렸다. 그리고 그날 이후 나는 며느리의 시아버지가 되었다. 조금은 어색하고 생소하기만 한 이름, 시아버지. 나는 아직 며느리가 부르는 아버님이라는 호칭이 낯설다. 눈치를 보니 아내는 그런대로 적응을 잘하고 있는 것 같았다. 사부인(査夫人)과 박장대소하며 통화하는 아내의 모습을 보고 있으면 나도 모르게 미소가 지어진다. 고부간은 물론 사돈 사이도 이처럼 허물없이 지낼 수만 있다면 그보다 더 바랄 게 뭐가 있겠는가.

그런데 꼭 그렇지 않은 경우도 종종 있음을 부인할 수 없는 게 현실이다. 자녀들이 행복한 결혼 생활을 유지하려면 당사자들은 물론 시댁이나 처가 등 주변의 친척들과도 관계가 좋아야 한다는 것은 너무나 당연한 일인데도 말이다. 그 중심에 고부 갈등이 있다고 생각한다. 물론 구부(舅婦) 갈등이라는 말도 있기는 하다. 시아버지 구(舅), 며느리 부(婦)를 쓰니 시아버지와 며느리 간의 갈등을 의미하는 말일 게다. 사실 구부갈등이라는 건 그 말 자체가 있는지도 모르는 사람들이 많으니 크게 걱정하지 않아도 될 정도라 하겠다.

서양의 경우가 더 심하다고 하는데 장모와 사위 간에도 갈등이라는 게 존재하는 모양이다. 우리 주변에도 예전과 달리 장모와 사위의 관계가 별로 좋지 않은 가정이 늘고 있다고 하니 사위 사랑은 장모 사랑이고 사위는 백년손님이라고 하는 우리네 정겨운 말들이 무색해지고 있는 것 같아 씁쓸하기만 하다.

그런데 가만히 내면을 들여다보면 갈등의 중심에 시어머니와 장모가 있다는 게 참 아이러니하다. 시아버지와 며느리, 장인과 사위의 다툼에 대해 들어본 적은 별로 없으니 말이다.

왜일까? 남자들이 그만큼 이해심이 많고 자애로운 마음들을 가져서일까. 글쎄 속 좁은 나의 식견으로는 풀기 어려운 숙제만큼이나 난해하다.

그런데 확실한 것은 가정이라는 자그만 울타리 안에서도 당사자 간 힘의 균형이 깨져 있을 때 갈등이 발생할 수 있다는 사실이다. 그래서 오래전부터 혹시 갑질이라는 못된 악습이 가정에까지 침투해 있었던 것은 아닐까 생각해본다. 가진 자, 힘 있는 자가 휘두르는 만용 말이다.

남녀가 만나 이루는 가정에도 힘의 불균형은 있게 마련이다. 어느 쪽으론가는 치우칠 수도 있다는 말이다. 결혼이란 무 자르듯이 모든 걸 이등분해 생각할 수만은 없기 때문이다. 그래서 물질적이든 정신적이든 부족한 부분은 서로 채우며 살아가는 게 인생의 재미이고 묘미일진대 그걸 불평하며 상대를 자꾸 괴롭힐 땐 그게 갑질이라는 흉기로 돌변해 가정을 파괴하게 된다고 생각한다.

아내와 나는 아직은 초보 시아버지이고 시어머니라 별로 할 말을 갖고 있지는 않다. 그런데 문제는 벌써 몇 차례 고부간에 다툼이 있었다는 사실이다. 두 사람 다 자기 고집이 좀 있는 것 같았다. 서로가 뜻을 굽히지 않아 싸움으로까지 이어지니 말이다. 내가 한번은 말린 적도 있었다. 며느리 뜻대로 그냥 두라는 거였다. 그게 며느리를 위한 건지 아내 편을 드는 건지는 모르겠지만. 첫 번째 싸움은 신혼여행을 다녀온 후 우리 집에 인사차 들른 날 벌어졌다. 점심을 먹고 난 후였다. 싱크대 앞에서 한참이나 두 사람이 실랑이를 벌였다. 서로 몸을 밀치기까지 했다. 옥신각신 우열을 가리기 힘든 상황이 계속됐다.

결국은 며느리가 시어머니의 철벽 방어선을 뚫고 싱크대 물에 손을 던지듯 집어넣고 나서야 끝이 났다. "어머니! 저, 손에 물 묻혀 버렸어요." 그렇게 승부는 싱겁게 끝이 났고 난 그냥 고부간의 불꽃 튀는 전쟁을 가만히 지켜만 볼 뿐 달리 할 말이 없었다.

아버지의 그늘

나는 장흥에서 태어나 강진읍에서 초등학교와 중학교를 마쳤다. 그 후 광주에서 학교를 다녔고 그곳에서 직장생활도 했다. 부모님은 영랑생가 아래 탑동에서도 사셨다. 방송사로 직장을 옮기고부터 난 목포 사람이 되었다. 그리고 다시 강진으로 귀향했다.

장흥은 내가 난 곳이고 친지들이 많다. 강진은 오래 살았다. 그만큼 아는 사람이 많다. 지금도 강진에 거주하고 있다. 그래서일까. 나의 고향은 장흥이 됐다가 강진이 되기도 한다. 문학 작품 발표 등 공식적인 출생지는 물론 장흥이다. 장흥 사람을 만나면 "고향이 나도 장흥"이라고 한다. 강진 사람에게는 강진이라고 말한다. 두 지역이 나에겐 고향이나 다름없다. 장흥과 강진이 이웃하고 있어 더욱 그렇다.

이처럼 가까운 곳이지만 내가 강진으로 이사하던 60

여 년 전은 달랐다. 살던 곳이 장흥 끝자락이기도 했지만 도로 사정이 좋지 않아 완행버스로 거의 한나절이나 걸렸기 때문이다. 선학동에서 회진포구 터미널까지 3km를 걸어 나와 버스로 장흥읍으로 왔고, 거기서 목포행 버스로 갈아타고 강진읍에서 내려 다시 3km를 걸어 들어온 곳이 우리 가족이 강진에서 처음 정착한 우두봉 아래 교촌리 샛골이다. 내가 여섯 살 때였기 때문에 자세히 생각나지는 않지만 아마 그랬을 것이다. 다만 밤늦게 샛골에 도착해 아버지 등에 업혀 컴컴한 골목길을 지나 이모 댁으로 갔던 기억은 생생하다.

아버지는 그때 왜 강진으로 오실 생각을 하셨을까. 후에 들은 얘기로는 이모님이 강진에 사시기도 했지만 읍내로 나가 자식들을 가르쳐야겠다는 열망이 크셨던 것 같다. 지금 기준으로 보면 거기나 여기나 차이가 나지 않지만 교통이 좋지 않던 시절엔 충분히 그럴 법도 했다. 이제 와서 생각하니 그 시절 아버지의 교육열이 아니었다면 나는 회진포구의 어부가 돼 있을지도 모르겠다.

아버지는 자존감이 특별하셨던 것 같다. 한문은 근방에서 따라올 사람이 없다는 말씀을 달고 사셨다. "우리 '유'가 중에 막걸리 한 말 못 마시는 사람 없다"며 호기도 부리셨다. 항상 자기주장이 강했다. 누구에게든 지려고 하지 않았다.

예닐곱 살쯤이었을까. 아버지가 나를 데리고 장흥에 제사를 모시러 갔다가 무슨 일로 친척과 다투시고 나서, 자고 가라는 손길도 뿌리친 채 밤늦게 삭금리 외갓집으로 가기 위해 달빛도 없는 산길을 둘이서 걸은 적이 있었다. 바닷물이 넘실대는 선학동 둑길을 가로질러 걸었다. 얼마나 무서웠던지 수문 옆을 지날 땐 다리가 후들거릴 정도였다. 선자리 고갯길에선 헛것까지 보였다. "아부지, 저기 누가 바지개를 지고 가요. 누가 손을 흔들어요." 바람에 흔들리는 소나무까지 사람으로 보였던 모양이다. 밤길이 무서운 아들의 손을 잡고 술에 취한 아버지는 그렇게 '신라의 달밤'을 부르며 잿등을 넘으셨다.

물설고 낯선 강진으로 이사와 몇 마지기 논밭으로 아버지는 자식들을 학교에 보냈다. 빈농으로는 아들딸 가르치기가 어려웠을까. 변두리 구멍가게 자리를 보러 가신 적도 있고, 사설 우체국 우편배달부를 해보시겠다고 우체국을 찾아가기도 하셨다. 구멍가게도, 우편배달부의 꿈도 이루지 못하셨지만, 가족을 위해 밤낮으로 동분서주하셨던 아버지의 모습이 어제 일처럼 또렷하다.

궁금한 게 하나 있다. 내 이름 말이다. 아버지는 어떻게 '헌'이라는 외자(字) 이름을 지을 생각을 하셨을까. 첨엔

'헌'이라는 이름이 불편했던 적도 있었다. 초등학교 때 친구들이 '헌것'이라며 자꾸 놀려댔기 때문이다. 그래서 새 학기가 되면 책과 공책에 내 이름을 '현'이라고 적기도 했다. 지금은 다르다. 이름이 좋다며 필명이냐고 묻는 사람들까지 종종 있으니 말이다. 벽촌에서 고기잡이와 몇 뙈기 농사만 짓고 사시던 아버지가 우뜨케 장남에게는 '헌', 차남에게는 '혁이란 이름을 지워주셨을까. 궁금하지만 지금 알 길은 없다.

아버지는 당신의 어머니 얼굴도 모르고 사셨다. 아버지를 낳고 바로 돌아가셨기 때문에 이 집 저 집에서 젖을 얻어먹으며 자랐다고 들었다. 그래서 약주라도 한잔 하신 날은 "어머니 젖을 제대로 먹고 자랐으면 장군이 됐을 거'라고 큰소리를 치곤 하셨다. 난 그때 그 말의 행간에 깊게 밴 아버지의 외로움을 읽어내지 못했다. 어머니 없이 힘든 세상을 긴니오신 아버지, 나는 아버지의 그 아픔을 헤아리지 못한 불효자였던 것이다.

수원의 누님 헌숙, 서울의 남동생 혁, 목포의 여동생 해숙도 절절한 아버지의 시간들을 가슴에 간직하고 있을 것이다. 우리 형제들의 기억을 여기에 옮기지 못해 아쉬움으로 남는다. 아버지와 함께 넘던 잿등은 포장도로가 돼 군내 버스가 다니고, 아버지와 함께 걷던 선학동 둑방

길엔 영화 '천년학' 세트장이 들어섰다. 그렇게 세상이 변하고 날로 시간이 낡아가도 아버지의 그늘은 늘 그립다.

아빠, 내 말 들려?

가히 스마트폰 전성시대이다. 스마트폰 없이는 한시도 살 수 없는 세상이 됐다. 밤이고 낮이고 손에 쥐고 산다. 그러다 보니 길거리에서 스마트폰을 보며 주변을 살피지 않고 걷는 사람들을 이르는 '스몸비'라는 신조어까지 생겼나 보다.

일상이 된 스마트폰에는 다양한 기능이 있다. 여러 순기능 못지않게 역기능을 얘기하는 사람들도 있지만 똑똑한 스마트폰 하나면 걸어 다니는 백과사전, 정보의 바다를 곁에 두고 사는 거나 마찬가지라고 할 수 있겠다. 언제 어디서든 즉시 송금을 할 수도 있어 금고 역할까지 한다. 세상으로 통하는 창이 바로 스마트폰인 것이다.

스마트폰에는 '카카오톡' 서비스라는 게 있다. 이걸 모르는 사람은 없을 것이다. 편리한 게 한두 가지가 아니다. 단톡방을 만들어 정보를 올리고 소식을 전한다. 사진이

나 동영상을 주고받기도 한다. 무엇보다도 카톡 메신저는 상대의 수신 여부를 확인할 수 있어 좋다.

카카오톡 창의 사진은 다양하다. 자신의 프로필 사진이나 여행 중의 모습을 올리기도 한다. 나처럼 문학을 하는 사람들은 시집이나 수필집 표지를 내걸고 홍보를 한다. 할아버지 할머니들의 경우 대체로 어떤 사진들을 올릴까. 단연 손주들 사진일 것이다. 올리지 않고는 배길 수 없기 때문이다.

모임을 함께 하는 친구가 "카톡에 손주들 사진 올리는 거 보고 이상하게 생각했는데 막상 나도 손주가 생기고 나니 달라지더라"고 한 적이 있다. 그러면서 손주 사진을 올려 미안하다고 했다. 만 원 내놓고 손주 얘기하라는 우스갯소리가 있지만, 자랑할 수만 있다면 그 돈이 무슨 대수겠는가. 이럴 때 카톡은 또 얼마나 고마운가. 남의 눈치 보지 않고 은근슬쩍 드러낼 수 있으니 말이다.

아내의 카톡 창에도 손녀딸의 사진이 올라가 있다. 며느리가 매일 보내주기 때문에 사진을 수시로 바꾸기도 한다. 어쩌다 카톡이 없는 날은 "혹시 가은이가 감기에라도 걸렸을까"하고 걱정을 한다.

손녀딸 커가는 모습이 담긴 동영상은 한편의 다큐멘터리이다. 걸음마를 뗀 적조차 없던 가은이가 거실에서 어린이 프로그램을 보다가 갑자기 TV 앞으로 달려가는 동영상도 있다. TV 속의 주인공에 빠져 자신도 모르게 취한 행동이었다. 주변에 있던 사람들이 놀라 함성을 지르고, 가은이는 영문도 모른 채 순간 엄마 아빠를 번갈아 쳐다보고 나서야 정신이 들었는지 털썩 그 자리에 주저앉고....

손녀딸 가은이가 세상을 향해 첫발을 내딛는 순간도 이처럼 고스란히 스마트폰 동영상에 담겨 있다. 첫걸음을 '달리기'로 시작한 장한 아이가 내 손녀딸 가은이다. 약하게 태어나 첨엔 걱정을 했지만 건강하게 잘 자라 참으로 고맙고 대견하다.

그로부터 1년 후인 2019년 4월 8일에 받은 동영상은 짠하면서도 기특했다. 현관 안쪽 거실문 앞에 앉아 직장에 간 제 아빠를 기다리는 모습이었다. 내복 차림에 기저귀를 차고, 입에는 가제 수건을 길게 물고 늘어뜨린 채 말이다. 이제 겨우 띄엄띄엄 말을 시작하던 시기였기 때문에 더 신기했다. 퇴근 시간이 가까워지는 시간이었을까. 문 앞을 지키고 앉아 있는 가은이에게 제 엄마가 물었다.

"가은이, 아빠 기다려요?"

"아빠 내 말 들려?"

"응?"

"우리 아빠 내 말 들려?"

"아빠 기다려? 거기서?"

"응"

"아빠 그렇게 부르면 온대?"

"응, 이거(가제 수건) 물고 아빠 기다려어"

"그거 물고 아빠 기다릴 거야?"

"응"

"문 좀 닫아~아. 아빠 이따 올 거야. 아니야 문 열어놔야 해? 아빠 오니까?"

"응"

"알겠어~어"

"아빠 내 말 들려?"

"흐흐, 아빠가 니 말 들리냐고? 아빠 금방 온대~에"

동영상 속 모녀의 대화 내용이다. 글로 옮기니 실감이 나지 않는다. 다 늘어진 내복을 입고 특유의 억양으로 뜨즉뜨즉 말을 하는 모습은 최소한 나에겐 감동이었다. 저걸 본 제 아빠가 딸의 모습이 눈에 밟혀 퇴근 후 어디 술이라도 한잔 할 수 있겠는가. 동영상을 몇 번이나 돌려봤다. 나의 어린 시절이 겹쳐 보였다. 십 리 길 강진장으로 푸성귀 팔러 나간 어머니를 기다리던 나의 모습 말이다.

손녀딸 유가은! 세상에 꼭 필요한 사람이 되길 한미와 하비는 소망한다. 항상 맑고, 밝고, 건강하게....

제4부

워낭소리
신작로에서
들리고

제4부

워낭소리 신작로에서 들리고

어떤 기억

따사로운 햇살을 머금고 봄꽃이 피어나고 있다. 어디선가 복숭아꽃 살구꽃 아기 진달래를 노래하는 동요가 들려올 것만 같은 봄날 오후, 내 기억의 저편 언덕에도 어김없이 살구꽃이 피고 있다. 살구꽃은 고향집 마당에서 연분홍 색깔로 벙글고, 창호지 문살에서는 새하얀 꽃망울로 차오른다.

나는 산골 마을에서 어린 시절을 보냈다. 봄이 오면 논틀밭틀 자운영꽃이 만발하고 신작로 길섶을 따라 노란 민들레꽃이 지천으로 깔려 동심을 흔들어 놓는 곳 말이다. 어쩌다 읍내라도 나갈라치면 십리 길을 걸어야 했는데 내가 다닌 초등학교까지는 거기서 30여 분을 더 가야 했으니 벽촌 중의 산간 벽촌에서 유년을 보낸 셈이다.

산골에서 학창 시절을 보내면서 경험한 일 중 잊히지 않는 것은 흐릿한 등잔불 아래에서 힘겹게 책을 보는 거였다. 시험 기간엔 초꼬지 앞에 바짝 붙어 앉아 밤새 공부를 했기 때문에 아침이면 콧속이 시커멓게 그을려 있을 정도였다. 무더운 여름날엔 불이 꺼질까 봐 부채질 한번 할 수 없어 땀을 뻘뻘 흘리면서 조심스레 책장을 넘기곤 했던 일이 마치 어제 일처럼 떠오른다. 그때까지도 우리 동네에는 전기가 들어오지 않았던 것이다.

중학교 3학년 때로 기억한다. 그 당시 도청소재지였던 광주에서 과학경시대회가 있었는데 나를 비롯한 몇 명이 대표 선수(?)로 뽑혀 시험 전날 광주로 갔다. 그 당시 광주는 말로만 듣던 별천지 같은 도시였다. 그도 그럴 것이 읍내 초등학교에서 광주로 진학하는 친구들은 극소수의 선택 받은 애들뿐이었고 대부분은 지역 중학교에 입학하거나 아예 학교에 다니지 못한 애들도 많던 시절이었다.

지금도 그때 일이 생생하다. 경시대회에서 무슨 큰상을 받아 그날을 기억하는 것은 물론 아니다. 우리가 미리 도착해 하룻밤을 묵은 곳에서 받은 충격 때문이었다. 인솔 선생님께서 대인동 대한극장 주변의 삼화여인숙이라는 곳에 숙소를 잡으셨는데 후에 안 일이지만 그곳은 소위 홍등가 중의 한 곳이었다. 지금이야 호텔이니 모텔이니 하는 숙소가 많아졌지만 그 당시 여관은 돈 좀 있는 특별한 사람들이 투숙을 하는 곳이었고 서민들은 대부분 여인숙이라는 곳에서 자던 때였다.

저녁을 먹고 어둑해져 숙소로 들어갔다. 컴컴한 방안에서 누군가 스위치를 올리는 순간 불빛이 하얗게 쏟아졌다. 깜짝 놀랐다. 산골 촌뜨기에게는 가히 충격이었다. 방안에 가득 퍼지는 형광 불빛 때문에 눈을 뜨기 힘들 정도였으니 말이다. 신천지가 따로 없었다. 말로만 듣던 전깃불이었던 것이다. 지금 생각하면 얼마나 싱거운 사건인가.

나의 기억을 사로잡은 일은 그다음에 또 일어났다. 뒷날 있을 과학경시대회를 앞두고 복습을 하는데 벽에 등을 기댄 채 방바닥에 그대로 앉아 책을 볼 수 있게 된 것이다. 너무나 훤했고 너무나 편했다. 책받침으로는 부채질까지 할 수 있었다. 초꼬지 밑에 엎드려 책을 읽던 거에 비하면 천지개벽의 순간이었다. 벽에 등을 기대고 그냥 앉아서 책을 볼 수 있다니, 정말 신기했다.

그날 그 경험은 작고 하찮은 것일 수도 있다. 그 정도로 뭘, 별 싱거운 사람 다 보겠네, 하며 실소를 터뜨릴 사람도 있을 것이다. 그렇지만 그때의 나에게는 가히 '사건'이라 부를 만큼 큰일이었다. 오죽하면 지금까지 그 여인숙을 기억하고 있겠는가.

그로부터 50여 년이 지난 오늘. 세상은 많이도 변했다.

밤낮으로 쏟아져 내리는 불빛 때문에 머리가 어지러울 지경이다. 온갖 현란한 조명으로 밤낮이 뒤바뀌어 환경이 파괴되는 일까지 벌어지고 있어 밤이 사라진 현실을 걱정하는 시까지 내가 최근 발표했으니 참 아이러니한 세상이다.

과학 문명의 발달로 세상은 참 살기가 편해졌다. 그렇지만 문명의 이기 때문에 우리가 잃고 지내는 것은 없는지 생각해 볼 일이다. 자그마한 불빛 하나도 있어야 할 곳에 있어야 한다. 뭐든지 지나치면 곤란하다.

워낭소리 신작로에서 들리고

강진 우두봉 아래 산골 마을에서 어린 시절을 보내며 늘 부러웠던 것이 있었다. 학교 수업을 끝낸 반 친구들이 가방을 둘러메고 삼삼오오 담임선생님 댁으로 과외를 받으러 가는 걸 멀찍이서 늘 지켜보곤 했으니 말이다. 한여름 잘사는 집 아이들이 소고삐를 길게 잡고 나무 그늘에 앉아 책 읽는 모습 역시 부러움이었다.

소를 들판으로 몰아 풀을 먹이는 일을 소 뜯기로 간다고 했었는데, 동네 애들이 야트막한 야산에서 소 뜯기며 한가로운 시간을 보낼 때 난 농약 냄새 풍기는 논두렁을 오가며 엎드려 꼴을 벴고, 친구들이 과외받으러 갈 때 가방 대신 책보자기를 허리에 두르고 십 리 길 논둑과 신작로를 달려 집으로 돌아오곤 했다. 숨이 헉헉 막히는 지루한 뙤약볕 길에서 갈색 메뚜기 팥중이를 만나는 날은 그나마 운이 좋은 날이었다. 콩중이 팥중이가 앞서가며 길을 안내해줬으니까 말이다. 다가서면 멀어지고, 달려가면 저만치 도망가는 팝중이. 유년의 첫사랑처럼 닿을 듯 닿을 듯이 애를 태우는 팝중이를 쫓다 보면 어느새 동구에 닿곤 했다.

나무 한 그루 없는 땡볕 길을 홀로 걷기란 보통 힘든 게 아니었다. 어쩌다 신작로에서 길동무로 소달구지를 만나는 날은 행운이었다. 소달구지 뒤를 쫄쫄 따라가는 재미가 쏠쏠했고, 주인 몰래 달구지 뒤쪽에 달랑달랑 타고 가다 주인이 돌아볼라치면 혼비백산 뛰어내려 멀찌감치 도망갔던 일도 추억으로 남았다.

누런 소가 끄는 달구지는 말구루마하고는 달랐다. 말구루마는 대체로 바삐 달리는 경우가 많다. 말 자체도 무섭다. 앞발을 높이 쳐들고 우는 모습도 그렇지만 한 번씩 좌우로 머리를 흔들며 큰소리를 낼 때는 뭔가 언짢아 화를 내는 것 같아 두렵기까지 하다. 소와 말은 눈빛도 다르다. 촉촉이 젖은 소의 커다란 눈동자가 순수와 슬픔, 그리움을 품고 있다면 말은 야성적이고 도전적인 눈빛을 갖고 있다. 요란하게 말발굽 소리를 흘리며 달리는 말구루마는 따라가기조차 숨이 찼지만 소달구지는 여유가 있어 좋았다. 친근감 때문인지 쉽게 접근할 수 있었던 것 같다.

한번은 통 크게 친구들과 소달구지에 올라탄 적이 있었

다. 달구지 주인은 우리가 뒤에 탄 걸 알고 '이놈들 혼 좀 나 봐라.' 하는 생각이었는지 소고삐를 바짝 조이며 속도를 내기 시작했다. 그러자 워낭이 요란하게 울어 댔다. 한참을 달리던 아저씨가 뒤돌아보며 "누구 허락받고 탄 거야?" 하며 소리쳤다. 달구지 위에서 덜컹거리는 재미를 느끼기도 전에 당한 급습이었으니 얼마나 놀랐겠는가. 친구들은 도망갔지만 나는 달리는 달구지에서 뛰어내릴 용기조차 없었다. 그때까지만 해도 내가 경험한 탈 것이라고는 한겨울 꽁꽁 언 무논에서 탄 썰매뿐일 정도로 촌뜨기였으니까. 하늘은 노랗고 땅은 빙글빙글 돌고 온통 정신이 없었다.

그런데 이게 웬일인가. 달구지 속도가 점차 줄고, 아저씨가 뒤돌아보며 씽긋 웃었다. 아무렇게나 자란 수염, 시커멓게 그을린 얼굴, 인상이 조금 무서운 아저씨를 보며, 나는 '이제 꼼짝없이 죽는구나.' 생각했다. 한데 아저씨는 "많이 놀랐지? 걱정 마. 함께 타고 가자." 하셨다. 아, 그 순간을 어떻게 표현해야 할까? 눈물이 핑 돌았다.

그날 이후 그 달구지 아저씨를 만난 적은 없다. 그러나 신작로에서 들었던 그 워낭소리는 아저씨의 정감 어린 음성과 함께 오래도록 내 가슴을 적셨다. 영혼을 울리는 듯한 낭랑한 소리, 그때 그 시절 샛골 가는 길의 소달구지 워낭소리가 한없이 그립다.

밤길

창호지 문살에 열브스레한 먹빛이 흔들리고 있다. 현관문을 밀치고 뜰로 나선다. 어느새 천황봉에서 구정봉으로 이어지는 능선이 어둠을 머금고 있다. 그렇게 밤이 찾아오고 있다.

늘 그렇듯이 어스름이 하늘 저편을 덧칠해가면 이마 위로 하나둘 별이 돋아난다. 동네를 끼고 도는 오솔길은 별밭이 되고 월출산 천황봉에는 달빛이 걸린다. 어둠을 옆에 끼고 길을 걷는다. 밤길은 묘한 감정에 휩싸이게 한다. 조금은 두렵고 조금은 쓸쓸하다. 동심에 젖어 들게도 한다.

나만의 느낌인지는 몰라도 어쩌다 어둠이 깔린 시골길을 걷다 보면 동심이라는 오래전 기억에 빠지고 만다. 그들이 앞서거니 뒤서거니 따라와 밤새 함께 걸어준다. 어두울수록 동심의 눈동자는 더 또렷해진다.

밤길과 동심, 왜일까? 낮에는 학교에 있거나 집에서 농사일을 도우며 고생한 기억들이 대부분이라 떠올리고 싶지 않아서일까. 아니면 그때 이미 밤 문화에 익숙해져 있었던 탓일까.

어쨌든 시골에서 밤샘하며 보냈던 일들은 추억이라는 이름의 책갈피에 오래도록 묻어있다. 빛이 바랠수록 더 새록새록 떠오른다. 듣는 사람은 식상할지 모르겠으나 그 경험을 가지고 있는 당사자는 옛 생각에 가슴이 촉촉해진다.

봄가을보다는 여름이나 겨울밤이 더 그리움으로 다가온다. 별이 소낙비처럼 쏟아져 내리는 여름밤이나 하얗게 눈이 쌓인 산골 마을의 겨울을 상상해 보라. 이야기가 있을 수밖에 없다. 마당 한쪽에 깔아놓은 멍석에 누워 밤새워 까만 하늘의 별을 헤던 일. 거기엔 부모님이, 누이와 동생들이, 동무들이 있었다.

주고받는 대화만 있었다면 그 순간들이 희미하게 사라졌을지도 모른다. 이야기와 함께 또 다른 맛들이 있었기 때문이 아닐까. 모깃불이 타는 향긋한 풀냄새, 삶은 옥수수의 고소하고 달착지근한 맛, 햇감자의 담백한 맛까지. 시각에 후각과 미각까지 곁들여졌기 때문에 그 기억의 편린들이 더 아름답고 눈물 나도록 그립고 또 긴 세월 동안 추억이라는 이름으로 남아 있지 않을까.

밤늦게까지 시험공부를 하다 보면 배는 출출해지고 주변은 어둠으로 깊이 잠이 든다. 그럴 때쯤엔 서리라는 뿌리치기 힘든 유혹이 스멀스멀 손길을 뻗어온다. 어떤 이들은 한여름 밤의 수박 서리를 무용담처럼 얘기하지만 내가 사는 산간 벽촌에서의 수박은 구경하기도 힘든 먼 나라 얘기였다. 복숭아 서리를 해본 게 고작(?)이다. 친구네 집 뒤쪽 언덕 위에 큰 복숭아나무가 있었는데, 도둑고양이가 되어 살금살금 다가가 복숭아를 따 먹던 일, 두근거리는 가슴을 밀쳐두고 한입 가득 복숭아를 물었을 때 입안에 퍼지는 그 과즙의 특유한 맛. 요즘의 복숭아에서는 결코 느낄 수 없는 그런 맛이었다.

보름달이 뜨는 밤이면 옆 동네 신풍리 마을 아이들과 전쟁놀이를 흉내 냈던 일도 기억에서 떠나질 않는다. 서로 원수진 일도 없었고, 서로의 땅을 뺏는다고 내 땅이 되는 것도 아닌데, 죽기 살기 돌팔매 싸움질로 밤을 지새웠는지 알 수가 없다. 밭둑을 오르고 논둑을 달리고, 언덕을 기어 올라 통쾌한 기습공격으로 그들을 우리의 영역에서 몰아내며 고래고래 질러댔던 함성들이 귓전을 맴돈다.

대밭을 둘러친 울타리도 성할 날이 없었다. 대나무를 빼내 그걸 긴 칼처럼 치켜들고 서로의 용맹을 겨루며 밀고 밀리는 추격전을 벌였던 일, 그게 놀이였는지 싸움이었는지 지금 생각해보니 도대체 아리송하기만 하다.

밤길을 걸으니 옛 생각이 꼬리를 문다. 어둠과 함께 걸으며 느끼는 색다른 동심의 맛은 경험해보지 않은 사람은 모르리라. 묘한 두려움 같은 것, 팽팽한 긴장감 같은 것이 있어서 좋다.

나는 강진 우두봉아래 산골 마을에서 어린 시절을 보냈다. 그 고향을 떠나 온 지 40여 년. 지금은 다시 귀향을 준비하고 있다. 어둠보다는 빛에 익숙해져 버린 도시 생활을 접고 다시 또 강진에 터를 잡았다. 월출산 천황봉이 바라보이는 월남마을이라는 곳의 한옥촌에 집을 짓고 목포와 강진을 오가며 생활하고 있다.

낮에는 텃밭을 가꾸고 가끔 월출산 계곡을 오르기도 한다. 밤에는 달빛을 줍고, 40여 년 전 그 동심의 간짓대로 별을 훔치기도 한다. 그렇게 어둠을 즐기고 있다. 오랜만에 밤다운 밤을 만끽하며 살고 있다. 눈물보다 더 진한 어둠이 들려주는 밤의 이야기를 듣고 있다. 에드거 앨런 포는 왜 이렇게 밤이 깜깜한가에 대해 아직 별빛이 도착하지 않아서라고 했다던가. 오늘 같은 밤, 별빛이 더디 왔으면 좋겠다.

추억은 소고삐를 잡고

추억은 미래보다 새롭다고 했던가. '추억이란 과거의 낡은 기억이 아니라 미래보다 새로운 것이다'라고 시인 유하는 말한다.

그런데 지난 유년 시절 나는 여유롭고 따뜻하였다기보다는 춥고 배고프고 하루하루의 생활이 참 팍팍했었다. 학교에서 공부하고, 소풍 가서 재밌게 놀았던 기억보다는 경제적으로 너무 쪼들려 늘 가슴 졸이고 기죽어 지낸 날이 더 많았던 것 같다.

학교에 내야 할 잡부금(그 당시엔 그렇게 불렀다)이 밀려 늘 눈총을 받았고, 중학교 들어가서는 납부금을 제때 내지 못해 학교 수업이 끝나고 교실에 남아 담임선생님과 독대의 시간을 갖는 날도 많았다. 납부금을 며칠까지 내겠다는 약속을 하고 나서야 논둑길을 걸어 집으로 돌아오곤 하였는데, 기한을 지키지 못했을 땐 농사일로 바쁜 부모님을 학교로 모시고 오라는 얘기를 듣기도 하였다. 부모님이 학교에 오신 들 무슨 뾰족한 수가 있을까마는 선생님도 답답하시긴 마찬가지였을 것이다.

그 당시 농사를 짓는 사람들에겐 현금이 무척 귀했다. 보리 수매나 고구마를 시장에 갖다 파는 등의 수확 철이 끝나고 나면 돈 구경하기가 더욱 힘들었다. 돈이 될 게 없어 토끼 등 짐승을 기르는 집들도 많았다. 아카시아 잎을 먹여 기른 토끼를 시장에 내다 팔아 등록금에 보태기도 하였으니까 말이다.

그 시절 농촌에서 또 힘들었던 일은 보리를 베고 난 후 가시랭이를 뒤집어쓰고 타작을 하는 일, 숫구멍께에다 불 뜸을 놓는 뙤약볕을 얹고 논틀밭틀 비척거려 먼데 높은 산까지 올라가 나무를 해서 망태에 풋나무를 짊어지고 오는 일 등 수도 없이 많았다. 퇴비로 쓰기 위해서 논배미에 자라는 풀을 베는 일도 여름날 힘든 작업 중의 하나였다. 소 키우는 집의 아이들은 소를 몰고 들판으로 나가 직접 풀을 먹이고 돌아오는 경우가 많았다.

그 당시 우리 동네에서 소는 부농에서나 기르던 부의 상징이었다. 그러니까 당연히 부러움의 대상엔 소 키우는 집도 포함돼 있고, 그 시절 귀꿈스럽던 내 모습이 생각나서 지금도 소를 보면 남다른 애정을 갖게 된다.

소는 어느 동물보다도 우리 옛 속담과 친한 것 같다. '소가 말이 없어도 열두 가지 덕이 있다'는 말은 입이 무거운 사람이 덕이 있다는 뜻이고, '소가 짖겠다' 하면 너무나 어처구니없는 일을 본 경우를 이르는 말이다.

또 '소는 몰고 말은 끈다'는 말도 있는데 모든 일을 이치에 맞게 하여야 함을 비유적으로 이르는 말일 게다. 아무리 다정한 사이라도 말을 조심조심 가려 하여야 함을 비유적으로 이르는 말은 '소더러 한 말은 안 나도 처더러 한 말은 난다'라고 한다.

부정적인 뜻으로 쓰인 경우도 더러 있다. 아무리 힘쓰고 밑천을 들여도 보람이 없음을 이르는 말은 '소 궁둥이에다 꼴을 던진다'라 하고, '소 팔아 쇠고기 사 먹는다'라는 뜻은 큰 것을 희생하여 적은 이익을 보는 경우를 비꼬는 말이라고 한다. 이처럼 소는 우리와 친숙하고 우리 생활과 밀접한 관계를 맺고 있다.

한우의 부위별 명칭도 재미있다. 촉감 좋고 먹음직스러운 마블링의 살치살, 은근하고도 강한 향기에 절로 입맛이 돋는 채끝, 이름처럼 부드럽고 쫄깃쫄깃 감칠맛의 치마살 그리고 부챗살, 홍두깨살, 아롱사태, 제비추리 등 이름도 다양하고 희한해서 입아귀로 군침이 절로 돌 정도이다.

어린 소는 송아지이고, 어린 송아지는 애송아지이다. 크기가 중간 정도 될 만큼 자란 큰 송아지는 어스럭송아지라고 부른다. 송아지동무란 어렸을 적에 함께 뛰놀던 친구를 뜻한다고 하니 참 정감 있는 말이란 생각이 든다.

우리가 중고등학교에 다니던 시절엔 우골탑이라는 말이 나올 정도로 소 팔아 자식들 대학 보냈고 한 평 두 평 전답도 늘려갔다. 송아지 키워 농협에서 빌린 대출금도 갚고 명절 때면 자식들 새 옷도 사줬다. 그만큼 소는 농가의 큰 소득원이기도 하였다.

이처럼 우리 민족에게 소는 단순한 가축 이상의 의미가 있다. 농가에 팔려 와 평생 논밭을 갈고 무거운 짐을 실어 나르는 일꾼이자 늘 가까이서 함께 숨 쉬고 논둑길 밭둑길을 앞서거니 뒤서거니 걸어온 가족이나 다름없는 존재라고 할 수 있었다.

조금 지난 얘기지만 전남 강진 군동면 명암마을에서는 특별한 장례식을 치러준 적이 있었다고 들었다. 사람 나이로 치면 여든 살 정도인 서른한 살의 나이에도 불구하고 평생 주인을 위해 우직하게 할 일 다 해왔던 '황순이'라는 일소가 구제역의 파고를 넘지 못하고 끝내 세상을 등지자 주인이 집 앞 양지바른 곳에 묏자리를 마련해 묻어줬고 매년 제사까지 지내줄 것을 약속했다고 한다. 장례식에 관계기관 공무원들까지 함께했다고 하니까 안타깝지만 가슴 뭉클한 얘기가 아닐 수 없다. 몇 년 전엔 '워낭소리'라는 다큐멘터리 영화가 제작돼 국민에게 큰 감동을 줬었는데, 황소가 죽기 전 눈물을 흘리는 모습에 많은 국민들이 함께 울었을 것이다.

김기택 시인은 '소'라는 자신의 시에서 소의 눈동자를 '수천만 년 말을 가둬두고 그저 끔벅거리고만 있는 오, 저렇게도 순하고 동그런 감옥이여'라고 노래했다. 소설가 박경리 선생은 생전에 가장 듣기 좋아했다는 소리 중의 하나가 소 풀 뜯는 소리라고 했다던가.

우리 인간에게 모든 걸 다 내주고 흙으로 돌아가는 소의 그 순하디순한 눈동자를 항상 잊지 않았으면 좋겠다. 나도 그 동심을 닮은 순수를 가까이 느끼며 살고 싶다.

터, 그 쓸쓸함에 대하여

공지산 자락에 서릿가을이 지나간다. 산마루 곰솔가지 사이로 흰 구름이 떠가고 산 그림자는 골짜기를 가로질러 달려간다. 그렇게 계절이 떠나고 있다.

공지산 아래로는 옹기종기 집들이 터를 잡았고, 세월의 때에 절어 동네는 그 나이를 가늠하기조차 힘들다. 마을 앞 벌판이 발가벗은 채 찬바람을 맞고 있다. 그 너머로 회진포구의 시퍼런 파도가 출렁댄다. 어느새 그 물결은 펀더기를 가로질러 동네 어귀까지 밀려온다. 들판은 바다가 되었다. 그렇다. 벌판은 원래 바다였다.

학(鶴)산이라고도 불리는 마을 뒤쪽 공지산에 달이 떠오르고 포구에 물이 차면, 정상인 관음봉의 그림자는 날아오르는 한 마리 학의 모습으로 변한다. 그래서 마을은 선학동이 되었다. 나는 그 선학동에서 학의 힘찬 날갯짓에 놀라 오른쪽 날개 아래 논꼬랑 오두막에서 첫울음을 터뜨리며 여명의 세상을 만났다.

메밀꽃 축제가 열리는 선학동 초입에서 지금은 흔적 없이 사라진 계곡을 올려다보며 나의 지난 시간을 바라본다. 정확한 장소를 몰라 머물 수는 없지만 그곳 산그늘 자락에 늦가을보다 더 진한 허허로움이 지나감을 보았다.

선학의 날갯짓에 앞바다가 깨어났나 드는 물 골막골막 쉼 없이 넘노닐고 눈이 먼 숭어 떼들의 군무群舞가 한창이다. 묶인 배들 닻줄 풀고 옹긋옹긋 떠나간다 관음봉에 걸린 낮달 설핏 재 넘어가듯 삽시에 사라져 간다 내가 띄운 쪽배 하나.

– 유헌 「회진포구」 전문

지난해 여름, 한국수필가협회가 주최한 수필문학 세미나 참석차 강화도를 찾은 적이 있다. 강화도에서는 또 다른 안타까움에 가슴이 저렸다. 바로 고려궁지 때문이다.

고려궁지는 고려가 몽골군의 침략에 맞서 싸우기 위하여 도읍을 강화로 옮기고 다시 송도로 돌아갈 때까지 38년간 사용되던 고려 궁궐터이다. 규모는 크지 않았으나 송도 궁궐과 비슷하게 만들고 뒷산 이름도 송악이라 하였다고 하니 나라를 지키기 위한 고려의 의지가 얼마나 강했는지를 알 수 있다. 문제는 그 이후이다.

1270년 송도로 환도할 때에 몽골의 요구에 의해 궁궐과 성곽을 모두 허물었다고 한다. 참으로 비통한 일이 아닐 수 없다. 외침에 저항했던 눈물겨운 국난 극복의 현장이 역사의 부끄러움으로 가슴을 후비듯 파고드는 이유는 왜일까. 고려궁지 주변에 지천으로 피고 지는 능소화는 800년 전 그날의 슬픔을 알고나 있을까. 나는 3수로 된 '고려궁지'라는 자작 시조를 지어 안타까움을 달랠 수밖에 없었다.

흙바람 말발굽에 까마귀 떼 울부짖고 강화도 염하바다 조기 떼도 숨죽였다 산방산 관통한 화살 궐 안을 사냥하네. 삼별초 노랫소리 절벽을 오르는데 한 세기 헛된 서슬 안개 뒤로 숨었구나 단하에 조아린 머리, 굴욕의 정수리여. 가슴으로 쌓아 올린 두겹벽돌 사라진 곳 팔백 년 시공 넘어 그림자만 지나가고 무심한 구중 궁궐화 오늘도 피고 진다.

– 유헌 「고려궁지」 전문

시간이 낡아 가면 세상도 변하는가. 산천은 무너지고 인걸은 간데없다. '사라져가는 것들은 아름답다'라는 말이 공허할 뿐이다. 사람이 떠난 자리마다 찬바람 소리 요란하다. 그렇게 나의 세월도 또 한 고개 넘어간다.

어느 주례사

얼마 전 시골 결혼식에 참석할 일이 있었다. 고향 6촌 동생의 장남이 백년가약을 맺는 날이었다. 여기저기에서 넥타이를 맨 남자들이 모여들었고 여자들은 모두 화장을 곱게 한 단정한 차림이었다. 농사일과 바닷일에 바쁜 사람들에게는 오랜만의 화려한 읍내 외출이기도 했다.

여느 결혼식처럼 식이 시작되었고 주례 선생님이 등단했다. 흔히 우스갯소리로 주변머리(?)가 없는 대머리 주례 선생님의 등장이었다. 얼굴 표정은 굳어 있어 어찌 보면 화를 내고 있는 것처럼 보이기도 했다. 오늘처럼 좋은 날 왜 집에서 기분 언짢은 일이라도 있었나? 아내와 나는 뒤쪽 하객석에 앉아 귓속말로 흉(?)을 보았다.

그러나 그 의문이 풀리는 데는 오랜 시간이 필요하지 않았다. 드디어 주례 선생님이 말문을 열었다. 본인은 신랑이 사는 동네의 면장인데 난생처음 주례라는 걸 서본다는 얘기였다. 그래서 솔직히 많이 떨리고 연단에 서 있는 것 자체가 힘들다고 말했다. 모두 조금 긴장했다. 엄숙한 결혼식장에서 혹시 실수라도 하면 어쩌나 하는 분위기였다. 나이 들어 보이는 외모나 풍채로 봐서는 시골에서 주례께나 봤을 법도 한데 말이다.

주례가 말을 이어 갔다. 이번에는 자신의 넓은 이마를 만지며 "제 이마 어떻습니까? 광이 많이 나지 않습니까? 우선 우리 신랑 신부에게 평생 반짝반짝 저처럼 광나게 살라고 부탁드리고 싶습니다." 그리고 어색한 미소를 지어 보였다. 여기저기에서 웃음소리가 터져 나왔다. 주례의 재치 있는 얘기에 하객들은 긴장이 풀렸고 주변은 따뜻해졌다.

주례의 얘기는 계속됐다. "흔히 신랑 신부에게 검은 머리가 파뿌리가 되도록 행복하게 살라고 얘기를 합니다만 저는 그런 말은 하지 않겠습니다. 검은 머리가 대머리가 되도록 멋지게 살라고 얘기하고 싶습니다" 순간 폭소가 터졌다. 신랑 신부의 표정을 보지는 못했지만 아마 그들도 그 순간 웃고 있었을 것이다. 주례사는 또렷또렷한 말투로 몇 가지 당부를 하고 끝이 났다. 주례사가 길지 않아 우선 듣기에 편했다.

그런데 결혼식에 가면 주례사가 대부분 장황한 경우가 많다. 무슨 공식에 대입해 얘기하듯 천편일률적인 경우도 흔하다. 그럴 때는 예외 없이 뒤에서 수군거리는 사람들이 많아진다. '신랑 신부에게 저런 말이 귀에 들어오기나 하겠어?' 하며 모두 형식적인 얘기에 불만을 쏟아낸다. 꼭 길게 얘기해야 권위 있고 괜찮은 주례사가 되는 건 아닐 것이다.

주례사는 빨리 끝낼수록 좋다는 것이 내 생각이다. 조금 심한 경우이긴 하지만 딱! 한마디 주례사로 유명해진 어떤 주례 선생님은, "모두 바쁘시죠? 일 끝나면 집으로 가십시오" 이 말씀만 하시고 본인도 바로 집으로 갔다고 한다.

시골 면장님의 말씀처럼 웃음을 주는 기발한 주례사가 없는 것은 아니다. 원로 코미디언 배삼룡씨가 생전에 했던 주례사는 참 재미가 있다. 어떤 개그맨의 결혼식이었는데 배삼룡씨가 말했다. "신랑, 내가 무슨 얘기하려는지 알지?" 신랑이 "네"하고 대답하니까 "그럼 됐어" 그게 끝이었다고 한다. 신랑 신부는 물론 하객들에게 기쁨과 웃음을 선사한 주례사였다고 생각한다.

신랑 신부에게 서로를 꼬집어 보라고 주문하는 주례도 계신다. 그리고 주례가 신랑에게 "신부가 꼬집었을 때 아팠느냐"고 물으면 "아프지 않았다"고 하고 반대로 "신부를 꼬집었을 때는 어땠느냐"고 물으면 그때는 "많이 아팠다"고 조금 엄살을 부려야 재치 있는 대답이 된다.

그런데 요즘 결혼식은 어디를 가나 마치 기계로 찍어낸 듯 비슷해서 감동을 느낄 수가 없다. 식순에 따라 입장하고, 사진 찍고, 퇴장하고, 식이 진행되는 동안은 내내 신랑 신부의 뒷모습, 엉덩이만 바라보고 있어야 하고… 심지어 예식장에서 소개해 주는 '직업 주례'까지 있다고 들었다. 그에 비하면 이번 시골 면장님의 주례는 신선했고 작은 감동을 주기에 충분했다.

오늘 장남을 장가보내는 6촌 동생은 부부가 함께 고향에서 오리 사육을 하며 살고 있다. 그런데 장남이 아버지의 일을 도우며 함께 생활하고 있는지는 미처 몰랐었다.

주례사가 끝나고 사회자는 신랑의 체력 테스트를 하겠다며 신부를 안으라고 명령(?)했다. 아내를 안고 일어서기를 반복하라고 주문했다. 그런데 구호가 압권이었다. 앉으면서 신랑은 "오리"하고 외쳤고 연변에서 시집온 신부는 일어서면서 "꽥꽥"했다. 결혼식장은 또 한바탕 웃음으로 가득했다.

그런데 결혼식이 끝나고 나오면서 나는 쓸데없는 생각을 하고 있었다. 오늘 우리에게 웃음을 선사한 주례사도 혹시 어떤 대머리 주례 선생님이 이미 써 먹은 말을 혹시 인용하지는 않았을까? 나는 괜한 걱정을 하다 아내에게 핀잔만 들었다. "남을 믿지 못하고 의심을 하는 당신이 더 문제요, 문제!" 나는 어느새 문제아가 되어 있었다.

제5부

무지개는 둥그렇게 뜬다

제5부

무지개는 둥그렇게 뜬다

다양한 빛깔들이 한 송이 꽃처럼 모여 사는 마을

겨자 빛 들판에 산그늘이 지고 있다. 서녘 하늘을 물들이고 있는 감빛 노을이 날아갈 듯 한옥 처마선에 걸려있다. 그렇게 하루가 저물고 있다.

그 시각, 강진달빛한옥마을 공동 텃밭. 수류화개, 별유풍경, 별바라기, 휴휴당 등 30세대의 푯말이 꽂혀있는 밭고랑 사이에서 매단 씨와 정심 씨, 희순 씨의 호미질이 한창이다. 아마 김장배추를 심고 있는 모양이다. 어제는 마늘과 무를 심었다고 들었다. 한참 만에 정심 씨가 텃밭을 나서면서 외친다. "이제 그만들 끝내세. 얼렁 밥 먹고 운동 가야지" 밭둑길을 걸어 나오는 세 여인의 이마에 산들바람이 스치고 지나간다.

서둘러 저녁을 먹고 여인들이 다시 모였다. 산책길에 나선 것이다. 늘 그랬던 것처럼 마을 길을 지나고 녹차 밭

사잇길을 오를 것이다. 10만 평 강진 설록다원의 포토존 전망대에서 도란도란 얘기꽃을 피울 것이다. 월출산 천황봉에서 쏟아져 내리는 달빛을 줍고 반딧불이를 잡으며 자연과 함께 놀다 내려올 것이다.

그녀들의 관심사는 무엇일까. 자식들이나 건강 문제는 단골 메뉴. 남편들 흉도 조금 볼 것이다. 대화에서 빼놓을 수 없는 게 농사 얘기다. 첨엔 그게 이상했다. 귀농 아닌 귀촌을 한 여성들의 화제가 농사라니 무슨 뚱딴지같은 소리인가. 그런데 사실이었다. 도시에서 삼십 년 이상을 살다 온 사람들이니 텃밭 하나 가꾸는데도 기술과 정보가 필요했다. 파종 시기와 관리 요령들을 틈나는 대로 서로 묻고 알려주고 그러면서 농촌생활에 적응해 가고 있었다. 우리 한옥마을 여성들의 이런 소소한 얘기는 물론 아내에게 들어서 잘 알고 있다.

그런 동네는 집집마다 특별한 이름표를 달고 산다. 우리 집 당호는 달이 밝게 떠오르는 모양의 '휘영청'이고 한옥체험 이름은 '달빛줍기'이다.

은행나무 결 다듬어 당호를 새겨두고 오며가며 쳐다보고 문틈으로 훔쳐봐도 달빛은 걸리지 않고 찬바람만 소소하다. 문득 처마 선을 따라가다 눈 닿는 곳 만월滿月이

둥두렷이 구름 밖을 걷고 있다 대문을 열어젖히자 집안으로 달려왔다.

- 유헌「휘영청」전문

애저녁 초승달이 용마루에 걸터앉아 기우뚱 허리 굽혀 수묵화를 그리는 밤 달빛을 줍고 있는 나 그림 속을 걷고 있네.

- 유헌「강진달빛한옥마을-달빛줍기」전문

다양한 빛깔로 모인 사람들. 하지만 한 송이 꽃으로 아름답게 피어 어우러져 산다. 시간 나는 사람들끼리 모여 '뜨락'이라는 소박한 이름표를 달고 친목계도 하고, 맛집 나들이도 자주 한다. 문화예술행사도 기획해 함께 즐기고 있다. 두둥실 보름달이 떠오르는 가을밤에 개최해온 '시월의 달빛콘서트' 때는 산골 마을을 찾아온 관람객들을 위해 사오백 인분 만찬을 준비해 대접하기도 했다. 부녀회를 중심으로 똘똘 뭉치기 때문에 가능한 일이었다. 세대를 잇는 바느질 소리와 문패 만들기, 월남 댁과 수경씨 어울려 놀다 등의 프로그램을 통해 서로를 알아가며 두터운 친분을 쌓기도 했다. 여성들이 나서면 안 되는 일이 없었다. 요즘은 한옥 민박체험을 위해 전국에서 관광객들이 찾아오기 때문에 그 일로도 바쁘다.

언니 동생 형님 아우 하며 함께 재미나게 살아가는 우리 동네 여인들의 삶을 보면 마을의 미래가 보인다. 3년 후 10년 후의 변화된 모습이 보인다. 월출산 천황봉 경포대 계곡을 타고 내려오는 바람결이 가을빛으로 시나브로 물들고 있다. 그렇게 강진달빛한옥마을에 가을이 깊어가고 있다.

무지개는 둥그렇게 뜬다

어느새 11월이다. 바람은 소소하고 갈 곳 잃은 낙엽은 길가를 방황한다. 그렇게 가을이 가고 있다. 한 해의 끝을 향해 달려가는 급행열차가 덜커덕거리며 지금 막 우리 곁을 스쳐 지나간다. 겨울이 가까이 왔다.

문학모임을 하는 사람들의 입장에서 보면 한 해가 간다는 것은 또 한 권의 책을 발행해야 한다는 의미이기도 하다. 흩어져 있는 다양한 빛깔들을 모아 색깔 있는 꽃 한 송이 피워 올리는 일이야말로 동인지를 발간하는 지난한 작업의 끝일 수도 있기 때문이다.

나이도 성별도 삶의 방식까지도 서로 다른 사람들의 작품을 하나로 묶어 책으로 엮어낸다는 게 그리 쉬운 일만은 아니다. 그럼에도 불구하고 빨주노초파남보 일곱 빛깔 무지개가 같은 울타리 안에서 만나 생각을 거침없이 나누는 일, 이게 바로 문학 동인의 매력이 아니고 무엇이겠는가. 그만큼 다양한 색깔의 작품을 한자리에서 만날 수 있어 읽는 재미 또한 쏠쏠한 게 동인지라고 생각한다.

그런데 하얀 햇빛이 공기와 물 사이를 지나면서 여러 가지 색깔로 휘어질 때 나타나는 현상이 아름다운 무지개이듯이 문학도 조금은 휘어져야 한다고 생각한다. 너무 원론적이고 교육적이면 독자들의 관심을 끄는 데 실패할 수밖에 없을 것이다. 아무리 좋은 내용이라도 누군가가 읽어주지 않으면 소용이 없는 일이 되고 말기 때문이다. 생각들이 적당히 뒤집어지고 넘어지기도 하고 때로는 뒤로도 걸을 수 있어야 개성 있는 작품이 나올 수 있다고 생각한다.

우리가 땅 위에서 보는 무지개는 항상 활 모양이지만 공중에서 보면 원형이라고 한다. 보는 장소에 따라 반원이 될 수도 있고 동그라미가 될 수도 있는 것이다. 문학을 하는 우리가 무지개다리만 생각하고 있어서는 안 되는 이유가 바로 거기에 있는 것이다.

이제는 우리 수필문학도 이런 고정관념의 틀에서 조금은 벗어났으면 한다. 과감히 5매 수필로 압축해보는 형식 실험은 물론이고 과거의 이야기보다는 미래의 소재를 가지고도 요리조리 요리를 해봐야 한다고 생각한다. 그게 쉬운 일은 아닐 테지만 그렇다고 그냥 앉아서 옛 노래만 불러댈 수는 없지 않겠는가. 무지개는 순간이지만 문학은 영원하다. 우리가 치열하게 글을 써야 하는 이유 역시 바로 거기에 있는 것이다.

입암산

다시 봄이 왔다. 봄날은 늘 그렇게 오나 보다. 마음 속 긴장감이 눈 녹듯 사라지고 시선은 자주 창밖을 향한다. 그러면 봄은 어느덧 시골 동네 어귀에 닿아 있다. 논두렁 사이로 흐르는 물소리 가까이 들려오고 푸릇파릇 잡초들은 밭두렁 주변 여기저기에 돋아난다.

목포의 봄은 바다에서 먼저 온다. 물빛이 달라지고 갈매기가 낮게 난다. 햇살은 눈 부시고 선창가는 분주하다. 그물을 손질하는 아낙네들의 손길 또한 바빠진다.

봄이 오는 길목은 또 있다. 입암산이다. 그리 높지도 낮지도 않고 등산로가 길지도 짧지도 않은 산, 입암산. 동네 가까이서 부담 없이 만날 수 있고 고유가 시대 걸어서 갈 수 있어 더욱 좋다. 소나무, 참나무, 벚나무, 밤나무가 사이좋게 자라난다. 여기저기 보일 듯 말 듯 적당한 암벽들은 운치를 더해 준다. 시원한 솔바람과 바닷바람이 만나는 곳, 목포항이 발아래 펼쳐지고 머리 위로 유달산이 보이는 입암산에서 봄을 가장 먼저 느낄 수 있다는 건 행복한 일이다.

등산로 초입의 가파른 능선에 올라서면 작은 체육공원이 있다. 평행봉, 뜀틀, 허리 돌리기, 발차기 등의 운동 시설이 있어 항상 발걸음이 머무는 곳이다.

그곳 한쪽 바위틈에 못생긴 생강나무 몇 그루가 서 있다. 겨울이 끝나갈 때가 되면 나는 습관처럼 나뭇가지를 살피곤 한다. 가지에 물은 오르고 있는지, 새순의 조짐은 보이는지, 메마른 가지의 변화를 지켜본다. 그간 별다른 징후가 없었다. 그런데 며칠 전 툭툭 움트는 소리가 들려왔다. 드디어 생강나무꽃이 노오랗게 모습을 드러낸 것이다. 그렇게 봄은 찾아왔다.

산수유꽃이 봄의 전령사라면 개나리, 진달래는 본격적인 봄의 시작이고 벚꽃은 만개한 꽃잎처럼 봄의 절정을 의미한다. 입암산의 봄은 산 중턱 아래 벚꽃 언덕에서 화사한 꽃 대궐을 이루면서 깊어간다. 도심과 멀리도 너무 가까이도 아닌 곳에 이런 벚꽃 언덕이 있다는 건 목포시민에게 축복이다. 올해도 입암산 벚꽃은 우리에게 아름다운 봄의 근사한 선물이 될 것이다.

입암산의 정상은 향토문화관 뒤 해발 121m의 바위 봉

우리이다. 목포의 명물 갓바위가 바다 쪽에 숨었을 때 입암산을 갓바위로 착각하는 사람들도 많았다. 또 입암산 중앙부의 푸른 대나무가 우거진 봉우리를 정상으로 생각하는 이들도 있다. 등산하는 대부분의 사람은 청죽 숲이 어우러진 그곳을 거쳐 간다. 멀리 월출산 천왕봉이 그리움처럼 다가오는 이름 없는 그 봉우리를 나는 죽봉이라 이름 짓고 싶다. 저녁노을이 아름답게 반사되는 입암산의 정상은 갓봉이라고 부르면 어떨까?

입암산은 참 아기자기하다. 언제부터인가 돌탑도 늘어났다. 군데군데의 돌탑은 운치를 더해준다. 죽봉(?)으로 오르는 길가 두 개의 돌탑은 나이 먹은 참나무와 함께 있어 보기가 더욱 좋다. 날마다 입암산에 오르는 아내에게 어떤 이가 저토록 정성스레 돌탑을 쌓느냐고 물어보았지만 모른다고 했다. 주변에 그가 누구인지 아는 사람이 없다고 했다. 언젠가 그 사람을 만나면 진심으로 고마운 인사라도 건네고 싶다. 산길 여기저기에 흩어진 보잘것없는 돌멩이도 정성껏 쌓아두니 소망을 기원하는 탑이 되어 우리에게 특별한 의미로 다가온다.

며칠 전에 그곳을 지나치다가 유치원생쯤으로 보이는 사내아이와 엄마를 만났다. 탑 꼭대기에 돌을 놓기 위해 아들은 어머니 등에 올라 아슬아슬한 곡예를 벌이고 있었다. 아들의 생각인지 어머니의 욕심인지 자칫 공든 탑이 무너질까 내 마음이 조마조마했다. 돌탑은 바라보는 것만으로도 족하다는 생각이 들었다. 돌을 얹고 싶을 땐 꼭대기가 아니더라도 돌을 놓는 사람의 마음이 중요하지 않을까.

언젠가 입암산 서쪽 능선 큰 바위 옆을 내려오다가 아내의 조용한 외침에 긴장한 적이 있었다. 우리가 걷고 있던 오솔길에서 산토끼를 보았기 때문이다. 입암산에 산토끼가? 그리 높지도 깊지도 않은 산에, 그것도 등산객까지 많은데 산토끼가 살고 있었다니 믿어지지 않았다. 짙고 옅은 갈색 털이 어우러진 산토끼는 먹을 것을 찾다가 우릴 만난 모양이다.

어린 시절 산골 마을에 살았던 나는 눈 내리는 겨울날 가끔 산토끼 사냥에 나선 적이 있었다. 눈 쌓인 고향의 우두봉 아래 깊은 산에 올라 동무들과 토끼몰이에 나섰던 희미한 기억이 남아 있다.

경사진 계곡을 오르내리며 조심스레 토끼 발자국을 찾았고 그 흔적을 쫓아 몸을 움직였다. 토끼는 앞발이 짧아 위에서 아래로 몰았는데 눈 깜짝할 사이에 도망쳐 산토끼를 잡을 수는 없었다. 지금 생각하니 하나의 놀이라고 하기에는 너무 매정했다는 생각이 들기도 한다.

그런데 깊은 산속에서나 볼 수 있었던 산토끼가 우리 눈앞에 나타난 것이다. 산토끼가 금방 오솔길 아래 계곡으로 사라져 아쉬움이 컸지만 그들 삶의 공간을 우리가 빼앗는 것 같아 미안한 마음이 들었다. 우리 인간은 자신들의 욕심을 채우기 위해 무수한 생명의 터전을 훼손하고 있지 않은지 반성해야 하지 않을까?

입암산에서는 밤나무, 도토리나무를 여기저기에서 쉽게 만날 수 있다. 그런데 등산객이 늘어나면서 열매가 익기도 전에 훑어가는 사람들의 탐욕을 자주 목격하게 된다. 인간은 너무 먹어 비만 때문에 산을 찾고 다람쥐와 청설모는 인간들의 무분별한 행동으로 배고파 죽어가고 있으니 그곳 오솔길을 걸으면서 아쉬움을 느낄 때가 한두 번이 아니었다. 초가을, 밤이 여물기도 전에 밤나무에 장대를 들이대거나 돌팔매로 나무에 상처를 주는 사람들이 많다. 어린 자녀들과 함께 온 등산객이 더욱 그랬다. 가을이 깊어갈 즈음 저절로 벌어져 산책로에 툭툭 떨어지는 밤을 가족이 함께 줍는다면 입암산은 한층 아름답고 풍요로운 모습으로 변해 갈 것이다.

입암산엔 까치도 많다. 아침나절 까치가 울면 반가운 손님이 온다고 하지 않았던가. 그러나 지금은 천덕꾸러기가 된 지 오래다. 여물어가는 곡식을 먹어 치우는가 하면 심지어 부리로 전선을 쪼아 합선과 정전의 원인까지 제공한다고 하니 추락한 까치의 처지가 안쓰럽다.

까치 하면 떠오르는 추억이 있다. 특히 겨울날의 기억이 많은데 그중에 고무줄 새총을 이용한 참새잡이도 잊을 수 없는 놀이 중의 하나였다. 그런데 솔직히 참새를 잡아 본 적은 없다. 앙상한 나뭇가지에 앉은 참새를 겨냥해 고무줄 새총을 당겨 보았지만 번번이 빗나가기 일쑤였다. 기는 놈 위에 나는 놈 있다고 살금살금 다가가기도 전에 날아가 버리는 경우가 더 많았다. 요즘도 아내와 함께 입암산을 등산하면서 가지가 두 갈래로 갈라진 소나무를 발견하면 나는 어김없이 새총을 만들면 좋겠다고 얘기하곤 한다.

참새는 잡아본 적이 없었지만 까치는 새총이 아니라 아주 특별한 방법으로 직접 사냥에 성공한 적이 있었다. 내가 어릴 적엔 아궁이에 불을 지피고 살았기 때문에 그 재를 퍼 나르기 위해 소쿠리란 것을 만들어 사용했다. 짚으로 엮은 세모난 들것인데 그 소쿠리를 이용해 까치를 잡았다면 상상이 되는가. 일단 까치가 자주 오는 헛간 주변에 보리 등 미끼를 뿌려놓고 긴 줄을 연결한 자그마한 나뭇가지를 받쳐 소쿠리를 세운 후 그 줄을 잡고 방안에서 망을 보고 있다가 까치가 소쿠리 밑에서 모이를 쫄 때 줄을 잡아채면 그야말로 눈 깜짝할 사이에 소쿠리는 엎어지고 그 속에 까치는 꼼짝없이 갇히고 만다.

입암산은 우리에게 많은 걸 선사한다. 입암산의 사계는 풍요롭고 아름답다. 봄엔 온 산이 울긋불긋 형형색색의 꽃들이 피어나고 여름엔 초록이 물결처럼 흐른다. 가을엔 빨간 장두감이 익어가고 겨울엔 적당히 설경이 펼쳐진다.

사시사철 입암산에서 바라보는 유달산 위의 노을은 얼마나 장엄하고 또 아름다운가. 그 입암산에 어느덧 봄의 푸르름이 지나가고 있다.

선물

고향을 찾았던 사람들이 썰물처럼 빠져나갔다. 추석 명절은 지나갔고 휘영청 밝은 달빛도 까만 밤하늘에 묻혀 어디론가 사라졌다. 명절 뒤끝이어서일까. 가을이라는 계절 탓일까. 만남과 헤어짐은 누구나 겪게 되는 일이지만 모두가 떠나간 빈자리를 바라보고 있노라면 며칠 동안 조금은 허전함을 느끼는 것도 사실이다. 긴 기다림 이후의 짧은 만남이 남긴 일종의 허탈감 같은 것일 게다.

이처럼 우리의 명절은 늘 기다려지고 그 기다림은 설렘으로 이어진다. 고속도로는 차량 행렬로 끝이 없고 전통시장은 오랜만에 북적거린다. 헤어져 살던 부모 자식이 만나고, 형제가 서로 얼굴을 맞대고, 그리운 친구들과는 지나간 얘기들로 밤을 새운다. 그래서 명절은 우리에게 더 큰 의미로 다가온다.

어렸을 적엔 맛있는 송편을 먹을 수 있어 추석을 기다렸고 읍내시장에서 어머님이 미리 사와 장롱 속에 꼭꼭 숨겨놓은 새 옷을 아침에 입고 나갈 수 있어 손을 꼽으며 기다리기도 했다.

요즘은 그런 설렘이 많이 사라진 것 같아 아쉽다. 명절 때만 되면 선물 준비 때문에 피곤한 명절 맞이가 되기도 한다. 경제적인 여유가 있다면 그런 고민이 덜하겠지만 그렇지 못할 경우 고민에 빠지지 않을 수 없다. 선물은 하려고 하면 끝이 없다. 이 집도 생각나고 저 사람도 아쉽다. 섭섭한 곳이 한둘이 아니지만 눈 딱 감고 줄이는 수밖에 다른 도리가 없다.

선물을 주고받는 일을 탓할 수만은 없다. 문제는 선물이 분에 넘치는 데 있다. 비싼 물건은 아니더라도 정이 묻어 있는 선물을 부담 없이 주고받을 수만 있다면 명절이 얼마나 더 기다려지고 풍요로워질까.

그런데 올해는 선물로 인해 나도 참 기분 좋은 선물을 받았다. 설과 추석 등 명절 때면 아파트 경비원 두 분에게도 선물을 드려왔는데 그때마다 조금 망설이기도 했다. 적은 돈으로 여기저기 나누다 보니 금액이 적어질 수밖에 없고 돈에 맞는 마땅한 선물을 고르기가 쉽지 않아서였다. 물론 그런 일들은 아내의 몫이긴 했지만.

그러던 차에 시골집을 오가면서 표고버섯 농장 옆을 지나가곤 했었는데 그 농장에서 붙여놓은 플래카드를 보고 아내는 그곳을 들러보고 싶어 했다. 표고버섯 값이 마트보다는 저렴할 것이고 더 싱싱할 거라는 이유에서였다. 정말 그랬다. 값도 싸고 무게도 후하게 쳐줬다. 그래서 몇 차례 그곳의 표고버섯을 사서 가까운 이웃들과 나눠 먹었는데 주변의 반응도 아주 좋았다고 한다.

추석을 앞두고 아내는 그 농장에서 산 표고버섯을 경비원 아저씨들에게도 선물로 드렸다. 만원이 조금 넘는, 결코 부담되지 않은 금액으로 표고버섯을 사 정성스레 포장해 전달한 것이다. 그리고 며칠 후 아내는 낯선 사람이 걸어온 뜻밖의 전화를 받았다. 경비원의 아내였다. '귀하고 큰 선물을 받아 너무너무 감사하다'고. '남에게서 이런 대접을 받아본 건 처음'이라며 거듭 감사함을 얘기했다고 한다.

아내에게서 그 말을 전해 듣는 순간 나도 코끝이 찡해졌다. 나의 작은 호의가 어떤 이에게는 이처럼 큰 선물이 될 수도 있고 평생 잊지 못할 고마움으로 기억될 수도 있겠구나 하는 생각에서였다. 가진 게 많은 사람에게는 하찮은 물건이 될 수도 있는데 또 다른 누군가는 그걸로 감동하고 행복에 겨워한다.

갈수록 명절 선물의 많고 적음도 부익부 빈익빈 현상으로 나타나고 있는 것 같다. 더 많이 가진 사람, 보통 사람보다 더 큰 혜택을 누리고 사는 사람의 집 앞에 놓이는 선물 보따리는 항상 더 크고 무겁다.

이제부터라도 누군가에게 두 개 할 걸 하나만 하고, 그 나머지는 주변의 소외된 이웃에게 나눠주고 싶다. 전하는 사람도 기분 좋고, 받는 사람도 진심으로 부담 없이 기뻐할 수 있는 그런 선물을....

바람

입암산 능선에 바람이 지나간다. 숲속의 솔밭을 지나온 바람이니 솔바람이다. 목포 앞바다의 잔풀나기 빛을 안고 온 바람이니 봄바람이자 갯바람, 바닷바람이기도 하다. 바람은 사계절 모두 늘 우리 가까이에 있다.

어쩌다 바람이 없는 날은 참 적막하다. 나는 등산길에서 굴참나무 가지가 바람에 흔들리고 잎사귀가 춤을 추어야만 비로소 그들이 살아 있다는 생각을 해왔다. 바람이 나무와 풀에게 활력을 주고 생명을 불어넣어 준다고 느끼기 때문이다.

바람은 나에게 이처럼 각별하다. 보이지 않고 냄새도 없고, 더불어 어디서 일고 또 어디로 흘러갈지도 모르지만, 항상 내 곁에 살아 움직이고 기쁨과 쓸쓸함을 실어 오기도 한다.

상식적인 얘기지만 바람은 공기 또는 공기의 움직임을 의미한다. 어떤 일이 이루어지기를 기다리는 간절한 마음을 뜻하기도 하며 경상도 지역에선 보람을 바람이라고 쓴다고도 들었다. 바람을 바램으로 잘못 쓰고 있는 경우도 있지만 황해도 지역에선 벽을 바람이라고 한다든가.

어쨌든 바람은 의미도 다양하고 하는 일도 많다. 봄바람이 났다고 하면 남녀 간에 정분이 난 걸 얘기하니까 바람은 본의 아니게 부정적인 의미로 사용되기도 한다.

바람은 나무를 흔들어 깨우는 강한 힘도 있지만 우리의 마음을 움직이는 부드러운 마력도 가지고 있다. 단비 알맞추 적셔놓고 간 우리들 가슴 속의 텃밭, 그 속에서 모도록모도록 새순 틔우며 도란거리는 연초록 숨소리들, 그리고 그 맑고 서늘한 풀섶 위에 얹혀 졸고 있는 한 줄 실바람은 또 얼마나 순실(淳實)한 것인가.

바람이 죽었다고 생각해 보라. 어느 누가 그런 호사를 누릴 수 있을 것인가. 칠레 산호세 광산 700m 아래 막장에서 불어온 희망의 바람은 또 어떠한가. 생명을 향한 강한 메시지가 아니고 무엇이겠는가.

바람은 다양한 얼굴로 다가온다. 내가 사는 목포는 바다를 끼고 있기 때문에 바람의 방향이나 속도, 세기에 특히 민감할 수밖에 없다. 고기잡이 나선 어선을 침몰시키고 여객선의 발을 항구에 묶어 애를 태우게도 한다.

목포의 대표적인 달동네인 온금동은 바람 때문에 온 동네가 눈물바다가 된 적도 있었다. 한겨울 높새바람이 어선을 덮쳐 마을 어민 수십 명이 떼죽음을 당했었고 지금도 그 아픈 기억을 갖고 사는 사람들이 있다.

그래서 온금동은 한때 지아비를 파도에 묻은 홀로된 여인들의 슬픈 이야기가 한으로 가득 찼고 제삿날이 같아 동네 고샅고샅 마다 서러운 겨울바람이 문풍지를 흔들던 시절도 있었다. 오래전 일이기는 하지만 바람이 남긴 참 가슴 아픈 가족사의 한 단면이 아닐 수 없다.

바람이 인류의 역사를 바꾸고, 동서고금의 전쟁에서 바람의 변화가 승패를 가르기도 했다. 또 풍향이 3차 대전을 막았다는 주장까지 있는 걸 보면 예부터 바람을 잘 이용한 민족은 흥했고 역풍을 맞은 제국이 역사의 뒤안길로 사라졌다고 해서 이상하게 생각할 일도 아닌 것 같다. 우리가 비행기를 타고 태평양 건너 미국으로 갈 때보다 올 때 시간이 더 걸리는 것도 갈 때는 편서풍을 타고 가고 올 때는 거슬러 오기 때문이라고 한다. 그래서 순풍에 돛을 달면 만사형통이라는 말도 있지 않은가.

한반도 상층에선 일 년 내내 편서풍이 불고 있기 때문에 걱정할 필요가 없었다고는 하지만 지난 몇 달 동안 바람의 방향에 크게 신경이 쓰이는 일이 있었다. 일본 대지진 이후 누출되고 있는 원전의 방사능 얘기이다. 그간 서에서 동으로 부는 띠 모양의 편서풍 때문에 태평양 쪽으로 방사성 물질이 날아갔다지만 만약 방향이 바뀌었다면 또 다른 엄청난 재앙이 될 수도 있었을 것이다.

한때 축산 농가를 휩쓸고 간 바람은 구제역 광풍이다. 구제역은 바람에 의해 엄청난 속도로 옮겨갔다고 하는데 그런 바람은 일어나기 전에 미리 싹을 잘라 버렸어야 했다.

청문회장 바람은 어떤가. 예나 지금이나 고위 공직자 인사청문회장에는 부동산 투기 문제가 단골 메뉴로 차려진다. 그때마다 모르쇠 답변이 가관인데 안사람이 한일이라 본인은 모르고 있었다며 핑계 대고 허위계약서는 그 당시 관행이었다고 뻔뻔하게 얘기한다. 심문자는 아갈잡이 본새로 다그치고, 증인은 검측스럽게 어리 반죽치고, 가히 칼바람 기세 아니던가.

그들 중 상당수가 큰돈을 모아 지금 떵떵거리고 살게 된 이면에는 나라를 휩쓸고 지나간 투기 바람의 영향이 컸다고 생각한다. 이런 바람도 광풍이다. 미친바람인 것이다.

정치권에 정풍이란 바람이 지나간 적도 있다. 그 말 뒤에 운동이라는 선동성 단어가 붙었기 때문에 꽤 강하게 불었던 모양인데 그 바람은 용두사미가 된 지 오래다.

정치인이 말 한마디 잘못해 역풍을 만나면 하루아침에 나락으로 떨어지기도 한다. 공인들의 경우 경솔한 행동이나 말로 구설에 오르면 인터넷이라는 온라인상에 태풍이 분다. 댓글이라는 이름을 달고 쓰나미처럼 밀려들 때 버티는 사람이 몇이나 있을까. 이때의 바람은 세상을 바꾸는 긍정적인 힘으로 작용하기도 하지만 익명성의 뒤에 숨은 얼렁쇠 수작으로 자칫 큰 상처를 받고 선의의 피해를 보는 경우도 적지 않다. 우리가 경계해야 할 바람이다.

새 학기에는 치맛바람도 분다. 내 아이 남의 아이 함께 생각하는 어머니의 치맛바람은 우리 사회에 약이 되지만 내 자식만을 생각하는 여자의 치맛바람은 많은 사람을 불행하게 만든다. 자신에게는 당장 득이 될지 모르지만 그 바람 때문에 또 다른 아이들은 상처를 입고 피해를 볼 수도 있기 때문이다. 여성의 힘은 강하다고 하지 않았던가. 엄마의 치맛바람을 우리 아이들이 맑고 건강하게 자랄 수 있는 텃밭에 놀게 하면 얼마나 좋을까.

내가 바라는 바람은 소박하다. 항상 햇살이 찾아들고 바람이 적당히 놀다가는 여유라는 작은 마음의 밭을 가꾸며 사는 것이다. 창가에 걸어둔 달빛이 밤바람에 적당히 흔들리는 모습을 보며 비우고 또 비우며 살 수만 있다면....

내세움 없이, 드러냄 없이도 싹을 틔우고, 돛단배 띄우고, 나무를 흔들어 생명을 키우는 바람의 소리에 귀를 기울여 본다.

제6부

방송 34년, 쉼 없이 쉼표 같이

제6부

방송 34년, 쉼 없이 쉼표 같이

방송 34년, 그 꿈의 초입에서 만난 인연

나는 우두봉 아래 강진읍 샛골에서 어린 시절을 보냈다. 가까이에 강진중학교와 지금의 전남생명과학고인 강진농고가 있어 내가 살던 동네의 공식 명칭은 교촌리이다. 그곳에서 중학교까지 마쳤다. 지금이야 자동차가 있으니까 시장통에서 10분 안에 닿는 거리지만 그땐 읍내 한번 나가기 힘든 산골이었다.

뒤편엔 산자락이 솟아 있고 앞쪽으로는 문전옥답이 펼쳐진 전형적인 시골 마을이었던 것이다. 동네 한가운데에 있는 공동우물에서는 사시사철 맑은 물이 펑펑 쏟아졌기 때문에 아낙들의 빨래터로 항상 왁자했다. 밤이 깊어가면 까까머리 동무들이 멱을 감는 장소로 변신하기도 했다. 우물가에 삼삼오오 모여 앉아 전설의 고향 같은 옛날이야기로 날 새는 줄 몰랐던 그 한여름 밤의 추억을 어찌 잊을 수가 있을까. 그만큼 우리 동네는 두메였다. 잊어

버릴 만하면 새로 나온 영화 포스터를 등짝에 붙이고 우스꽝스러운 분장으로 꽹과리를 치며 마을에 나타난 극장 선전원의 뒤를 졸졸 따라다니며 몇 시간씩 즐겼으니까 말이다.

TV는 물론 라디오도 없던 시절, 그래도 방송은 들을 수 있었다. 스피커라고 불리는 소리통이 집집마다 보급돼 있었기 때문이다. 읍내의 간이 중계소에서 중앙의 전파를 수신해 각 가정에 유선으로 보내줬던 것이다. 집집마다 쪽마루 기둥에 소위 스피커를 부착하고 거기에서 흘러나오는 방송을 들으며 세상이 어떻게 돌아가는지 알게 된 것이다. 세계와 소통하는 유일한 통로가 스피커였던 셈이다. 뉴스와 스포츠 중계방송, 퀴즈 프로그램과 연속극은 정말 흥미진진했다. 극장 대한늬우스를 전해주던 강찬선 아나운서의 라디오 정오뉴스, 이광재, 임택근 아나운서의 스포츠 중계는 압권이었다. "고국에 계시는 청취자 여러분 안녕하십니까. 여기는 멀리 말레이시아의 수도 쿠알라룸푸르입니다. 지금부터 메르데카컵 국제축구대회 우리 한국 대 말레이시아의 결승전 경기를 중계방송해드리겠습니다." 열광의 도가니 속 아나운서의 이런 유창한 멘트는 나를 사로잡기에 충분했다. 그래서일까. 나는 일찍부터 아나운서가 되기로 마음을 먹었다. 이미 초등학교 저학년 때 이런 결심을 굳혔으니까 말이다. 아나운서의 뉴스를 흉내 내고 스포츠 중계를 따라 하면서 그 꿈을 키워갔다. 당연히 방송도 열심히 들었다.

고등학교 2학년 때로 기억한다. 당시 VOC 광주 전일방송의 인기는 대단했다. 그 중에서도 'VOC 장학퀴즈'는 선풍적이었다. 최경천 아나운서가 진행한 'VOC 장학퀴즈'가 크게 히트를 하자 프로그램 스폰서였던 선경합섬이 MBC에 퀴즈 프로그램을 만들어달라고 요청할 정도였으니까 말이다. 차인태의 'MBC 장학퀴즈'는 그렇게 탄생했다. 담당 최경천 아나운서의 재치와 순발력은 돋보였다. 인기도 최고였다. 내가 그 프로그램에 출연하면서 최경천 아나운서와의 인연은 시작되었다.

전일빌딩 10층 스튜디오에서 처음 만난 최경천 아나운서는 키가 그리 크지는 않았지만 잘생긴 외모에 인상 좋은 호남형이었다. 방송 들어가기 전 출연자들이 긴장하지 않도록 이런저런 농담도 건네시고 분위기를 잘 잡아주셨다. 난 다행히 그때 주 장원을 하고 선경합섬의 스마트 학생복지를 받아왔던 추억이 있다.

며칠 후 광주 시내 계림동 어딘가를 지나가다가 마침 레코드사 가게 앞의 대형 스피커에서 흘러나오는 방송을 듣고 얼마나 기뻐했는지 모른다. 경쾌한 시그널이 나가고 곧이어 출연자들이 각자 본인을 소개하는데 '광주상업고등학교 2학년 유헌입니다'라는 그 멘트가 얼마나 근사하게 들리던지, 그건 고등학생의 음성이 아니었다. 대형 스피커에서 쿵쿵 울리며 나오는 소리라 더 그랬겠지만 기성 아나운서의 멋진 톤 그대로였다. 그 후 아나운서는 내가 가야 할 길이라는 꿈을 더욱 굳히게 되었다.

학교 졸업 이후에도 녹음기 앞에서 소리 내어 신문을 읽고 스포츠 중계를 흉내 내면서 꿈을 키워갔다. 세월은 흘렀고 VOC 전일방송 아나운서 공채시험에까지 도전하게 되었다. 그런데 혼자 공부한 탓인지 부족한 부분이 많았다. 너무 긴장해 실기에서도 좋은 점수를 받지 못했다. 낙방을 했지만 최경천 아나운서실장님과의 인연은 그때부터 시작되었다. 고교시절 출연했던 장학퀴즈 이후 거의 8~9년 만에 다시 만나게 된 것이다. 내가 아나운서의 꿈을 갖고 있다는 것을 아시고는 틈틈이 만나 지도를 해주셨다. 발음과 발성 등의 기교는 물론 아나운서가 갖춰야 할 기본 소양과 품성에 대한 말씀도 많이 들려주셨던 것으로 기억하고 있다.

신군부의 강제 언론 통폐합 정책에 따라 VOC는 1980년 12월 1일 고별방송을 끝으로 역사 속으로 사라진다. 최 실장님도 KBS로 옮기셨다. 당시 KBS가 있던 광주 사직공원 언덕바지를 참 많이도 올라다녔다. KBS 아래 소주방에서 잔도 많이 기울였다. 그때 최 실장님에게 지도를 잘 받은 결과인지 82년 1월 목포 MBC 아나운서 공채에 당당히 합격했고 34년을 MBC에서 근무하다 퇴직했다.

최경천 아나운서를 만나고 나서 내 유년의 꿈은 현실이 되었다. 긴 세월 방송인의 길을 걸을 수 있었던 것은 그런 소중한 인연이 있었기에 가능한 일이었다. 잊을 수 없는 그 사람, 최경천 아나운서. 지금은 광주에서 은퇴 후의 삶을 건강하게 잘 보내고 계신다고 들었다. 뵌 지가 참으로 오래됐다. 다시 만나 40여 년 전 그 추억의 시간 속으로 달려가고 싶다. VOC 장학퀴즈! 그 시그널(signal) 속으로.

올림픽에 출전하다

그랬다. 내가 올림픽에 출전했다. 88 서울 올림픽에 말이다. 올림픽을 앞두고 강훈련도 했다. 경기가 열리는 전국의 현장들을 찾아다니며 실전처럼 연습했다. 살아생전에 이런 기회를 잡기는 어려울 것이라며 철저히 준비를 했다. 그리고 실제로 금메달도 몇 개 땄다.

벌써 32년 전 일이다. 그리스 헤라 신전을 출발한 성화가 4,200여㎞를 달려 잠실올림픽 주경기장으로 들어왔다. 참으로 역사적인 순간이었다. 그렇게 지구촌 축제 제24회 서울올림픽은 막을 올렸다. 그 현장에 나도 있었다. 직접 필드를 뛴 선수가 아니라 중계석의 마이크를 잡은 스포츠 캐스터로 올림픽에 참여했다. 경기 종목이 워낙 많고 대회 기간도 길어 지역 MBC 아나운서들까지 캐스터로 합류했기 때문이다.

서울 본사에서는 올림픽 개막 몇 년 전부터 올림픽방송

단을 구성해 대비를 철저히 했다. 김용 아나운서 실장을 비롯해 차인태 아나운서부장, 김충식, 임주완, 최창섭, 송인득 아나운서 등 당대 최고의 스포츠 캐스터들을 주축으로 준비에 들어갔다. '서울올림픽'이라는 스포츠 교본까지 아나운서실에서 편찬해 이론 무장을 시켰다. 제작총지휘 책임편찬은 김용 아나운서실장, 최창섭, 양진수 아나운서 차장, 고창근, 유협, 송인득, 한광섭, 변창립, 김창옥 아나운서가 방대한 자료를 조사해 300쪽 분량의 책자를 미리 만들어 캐스터들에게 배포했다.

스포츠 중계 경험 내지는 능력이 되는 지역 MBC 아나운서들을 한두 명씩 차출해 2년 전부터 집중 훈련을 했다. 중계 담당 종목을 미리 정하고 실제로 경기가 열리는 전국의 현장을 찾아 녹음기 앞에서 직접 중계방송을 했다.

나는 수영 종목에 배정됐다. 온양실내수영장 등 수영 경기가 열리는 곳이면 전국 어디든 찾아갔다. 올림픽 현장이라고 생각하고 현장을 스케치했다. 직접 해설자가 돼 경기를 전망하고 선수의 장점을 소개하는 등 1인 2역까지 했다. 올림픽 개막 보름 전부터는 서울 영등포 소재 MBC 캐스터 숙소에서 합숙에 들어갔다.

드디어 올림픽의 날이 밝았다. 난 매일 숙소를 출발, 올림픽대로를 달려 잠실 실내수영장과 송파에 있는 올림픽 수영경기장으로 출근을 했다. 당시 베테랑 캐스터들이 TV를 맡고 경험이 부족한 아나운서들은 주로 라디오를 커버했다. 나도 물론 라디오 중계팀에 배정됐다. 지역 방송사 아나운서의 경우 스포츠 중계 경험이 부족했기 때문에 TV 중계는 무리였다. 나의 경우 연 1회 공설운동장 등에서 열리는 도민체육대회 실황 중계나 주 1회 볼링 중계 정도가 전부였으니 말이다.

사실 난 유명 아나운서들의 스포츠 중계방송에 매료돼 이미 초등학교 때 아나운서가 되겠다고 마음을 먹었었다. 당대 최고 이광재 아나운서의 축구, 이철원 아나운서의 복싱 중계 등을 따라 하며 아나운서의 꿈을 키웠다.

초등학교 사오 학년쯤이었을까. 가을 탈곡을 끝낸 볏단 사이사이를 오가며 마당에서 놀던 동네 아이들의 술래놀이까지 중계를 했다. 툇마루 나무 의자에 앉아 옥수수를 마이크 삼아 “행근이 헛간 쪽으로 몸을 숨긴 순간, 행근이 동생 영근이 살구나무 뒤에서 살짝 빠져나와 부엌을 향해 가로질러 달립니다. 말씀드린 순간, 사립 쪽에서 뒷집 복심이 어머니, 고개를 길~게 빼고 안쪽을 살핍니다. 손에 뭔가를 들고 있는 것 같은데요. 아마 찐 고구마가 아닌가 하는 생각이 듭니다. 잠시 작전 타임을 해야 할 것 같은데요" 그때 복심이 어머니 왈, "나는 어디 라디오에서 나오는 소린 줄 알았네" 그랬다. 나는 그때 이미 아나운서였다. 그럼에도 실전은 만만치가 않았다.

올림픽 방송은 대회가 열리는 보름 동안 종일방송 체재로 편성됐다. TV든 라디오든 올림픽 방송센터에서 부르면 언제든지 마이크를 잡아야 했다. 기본적인 중계 일정은 나와 있지만 현장 사정에 따라 수시로 변경됐다. 준결승, 결승 경기는 빠짐없이 연결했다. 정규 프로그램 진행 중에도 결승전이 잡히면 메인 스튜디오에서 바로 연락이 온다. 그러니까 중계석에서 모든 경기를 지켜보며 스탠바이를 해야 했고, 유동적인 현장 상황을 방송센터로 알려 기민하게 소식을 전하기도 했다.

나의 경우는 자유형, 평영, 접영, 배영 등과 스프링보드 다이빙, 플랫폼 다이빙, 수구 등을 수시로 중계했다. 긴 시간보다는 메달 결정전 위주의 중계였다.

시력 때문에 애를 먹기도 했다. 수영장의 레인이 제대로 눈에 들어오지 않았고 특히 수구의 경우 캡의 넘버가 잘 보이지 않아 선수 소개하는 데 곤란을 겪었다. 그나마 편한 건 다이빙 중계였다. 미국 선수 그레그 루가니스의 금메달 획득 순간을 전국에 전하기도 했다. 루가니스는 플랫폼과 스프링보드에서 금메달을 따 올림픽 다이빙 사상 최초의 2관왕이 된 선수이다. 얼굴도 잘생겼고 인상도 좋았다. 30여 년이 흐른 지금까지도 그 순간이 잊히지 않는 것은 나에게 금메달을 두 개씩이나 안겨준 인상 깊었던 경기였기 때문이리라.

올림픽이 막바지로 접어들 때쯤, 아내와 두 아들이 상경했다. 영등포역으로 마중을 나갔다. 한 달 정도 못 본 사이 아내는 더 예뻐 보였고, 6살, 3살 아들은 더 의젓해 보였다. 올림픽주경기장 등 여러 경기장을 돌아가며 구경했다. 사진도 많이 찍었다.

이제 당시의 기억도 많이 희미해졌다. 빛바랜 사진첩만이 그 순간들을 증언하고 있을 뿐이다. 지역 MBC 아나운서들을 늘 가까이서 보살펴준 올림픽 방송단의 막내 김창옥 아나운서가 대전 MBC와 제주 MBC 사장을 끝으로 은퇴를 했으니까 당시 함께 했던 아나운서 모두 지금은 방송 현장을 떠나 제2의 인생을 살고 있으리라. 김용 아나운서실장의 카리스마, 항상 다정다감하게 대해주시던 변웅전 아나운서, 고생한다며 캐스터 모두를 압구정동 현대아파트 자신의 집으로 식사 초대해주신 차인태 아나운서부장. 그 시절이 고맙다.

MBC 로고와 올림픽 심벌이 가슴에 선명히 박힌 자주색 중계복을 입은 동료들을 사진으로나마 지금 만날 수 있어 다행이다. 올림픽 폐막을 앞두고 단체 사진을 찍어 크리스털 패에 담아 두었기 때문이다. 지역 MBC의 쟁쟁한 아나운서들, 그들의 이름을 불러본다. 부산 이정희, 대구 김준연 신중섭 주상철 한종희, 광주 김형주 박동찬 문병국, 목포 유헌, 마산 최덕수, 대전 김종완 박상희 김학선, 전주 김종희 신봉철, 울산 이광현, 진주 김종성 이형대, 강릉 최홍윤 김창열, 춘천 이상영, 여수 성낙진, 청주 최남식, 제주 오경호, 포항 조용승. 언제 다시 그들을 만날 날이 있을까. 그때 그 사람들이 그립다.

부용산 봉우리엔 하늘만 푸르러 푸르러

다큐멘터리 「부용산 오리길에」
MBC 다큐멘터리 경연대회 대상 제작기

그 날은 몹시도 무더웠다. 6월 말인데도 계절은 이미 여름의 한가운데를 지나고 있었다. 부용산은 거기 있었다. 초입은 잘 포장돼 있었고 솔밭길 따라 등산로도 또렷했다.

나는 박기동 시인의 누이 박영애의 무덤을 찾고 있었다. 갑자기 소나기가 지나갔다. 소나기는 폭우로 변했고 부용산 기슭엔 먹구름이 내려와 있었다. 무서웠다. 벌교읍내가 비안개 틈새로 나타났지만 나는 혼자였다. 주변엔 잡풀 무성한 무덤뿐.

52년 전 가을, 청년 박기동은 동생 박영애를 이곳 부용산 5부 능선 중턱에 묻고 늦가을처럼 쓸쓸히 솔밭길을 내려왔으리라. 그때의 그 감정이 시가 돼 '부용산'으로 부활할 줄이야. 특집 다큐멘터리 「부용산 오리길에」는 이처럼 무덤을 찾아 공동묘지를 누비는 일로 시작됐다.

98년이던가. 나는 모 신문 칼럼에서 '부용산'을 처음 만났다. "김정희라는 학생이 있었다. 해방 직전에 서울의 경성사범에 합격한 천재 소녀였다. 광복과 함께 고향 목포로 내려와 항도여중에 전학해 있었다. 이 천재 소녀는 1948년 여중 3학년 때 그만 폐결핵으로 죽었다. 온 학교가 울었다. 이 소녀의 죽음을 애도해 국어 선생이 가사를 썼고 음악선생은 곡을 붙였다. 이 슬픈 노래가 부용산이다. 부용산의 주인공 무덤이 목포 어딘가에 남아 있다고 한다."

주인공의 무덤이 목포 어딘가에 남아 있다? 나는 강한 호기심을 느꼈다. 단순한 노래가 아니라는 예감이 들었다. 도대체 부용산에는 어떤 얘기가 숨어 있길래 이토록 사람들의 심금을 울리며 질긴 세월을 살아남았단 말인가. 그래서 그 한 많고 사연 깊은 부용산의 내력을 추적해 보기로 했다.

먼저 자료 수집에 들어갔다. 우선 부용산이 무엇을 뜻하는지 그것부터 알아야 했다. 지명인가? 인명인가? 아니면 사연을 가진 특별한 단어인가? 산 이름 같기는 한데... 의견이 분분했다. 목포 사람들은 "목포의 부흥산이 부용산으로 불렸을 것"이라고 했다. 5.18 광주민주화운동의 마지막 수배자 윤한봉 선생은 "지금 딱히 부용산을 자기네 산이라고 얘기하는 사람들이 없으니 도대체 어디서 나온 산인지는 모르겠고, 고향 강진과 장흥 용산 경계의 부용산을 노래의 배경이 된 산이라고 주장하자는 의견까지 동네 청년들 사이에서 있었었다"며 지난날을 회고했다.

부용산은 벌교 읍내에 있는 자그마한 산이었다. 50년 세월 동안 부용산이란 노래가 전설처럼 구전돼오니까 각 지역에서 서로 자기네 산이라고 주장하고 있을 뿐이었다. 그간 묻혀있던 작품집이 나오고 노랫말을 지은 사람이 호주 시드니에 살고 있는 80대 할아버지 박기동 시인으로 확인되면서 그 문제는 해결됐다.

운(?) 좋게도 마침 벌교와 목포에서는 부용산이 자기 지역 노래라고 팽팽히 맞서기까지 했다. 뭔가 작품이 될 것 같은 생각이 들었다. 그래서 작사자 박기동 시인과 인터뷰를 시도했고 작곡가를 수소문했다. 작곡가 안성현은 한국전쟁 때 월북해 북한에서 국립교향악단장을 지냈다는 막연한 소문뿐. 나는 안성현의 근황만이라고 알고 싶었다. 국내는 물론 미국, 일본 등 수많은 경로를 통해 수소문했고 모 방송사의 이산가족 찾기 프로그램에 출연 신청까지 했다.

처음 노래를 불러 유행시킨 천재 소녀 김정희의 1년 선배 배금순을 찾기 위해서는 배금순의 아들이 근무했다는 미국 NASA 본부에 이름도 모른 채 수차례 국제전화를 했다. 그러나 작곡가 안성현도, 배금순도 만날 수가 없었다.

이처럼 다큐멘터리 「부용산 오리길에」는 반세기 전의 흔적을 찾는 데 대부분의 시간을 보냈다. 낮에는 사람 찾아, 무덤 찾아 하루해가 짧았고 밤에는 새벽까지 편집을 하고....

50년도 넘은 무덤이 뭐 그리 중요하냐고 반문하는 사람도 있을 것이다. 그러나 묘를 찾지 않고는, 반세기 전 그 흔적을 확인하지 않고는 실체에 접근하기 어려울 것 같다는 생각이 들었다. 묘 찾아 300리! 나는 목포와 벌교를 오가며 무덤을 찾는 데 며칠을 보냈다. 얼마 후 소낙비가 몹시도 내리던 날 노랫말의 주인공 박영애의 묘는 오빠 박기동 시인의 증언대로 부용산 5부 능선 중턱에서 희미한 흔적이나마 확인 할 수가 있었다.

그런데 묘를 찾아 나선 날, 나는 가족을 까마득히 잊고 있었다. 부용산에서 흠뻑 비를 맞고 자동차를 주차해둔 벌교 천변 주차장에 와서야 아내와 아들이 폭우 속에서 나를 원망하고 있었다는 사실을 알았다. 주말을 맞아 벌교 인근 고흥 처가에 다녀오는 길에 부용산 취재에 나섰기 때문에 가족을 벌교천에 버려(?)두고 나는 묘 찾기에만 온통 정신을 팔고 있었던 것이다. 무더위 때문에 차창을 모두 활짝 열어두고 떠나 자동차 안은 빗물이 넘쳤고, 아내와 아들의 몰골은 볼만했다. 주변에 인가도 없고 자동차 안은 홍수가 나 있었다. 이런 '부용산'으로 나는 제26회 한국방송대상 우수작품상 수상에 이어 MBC 다큐멘터리 경연대회 대상까지 거머쥐었다.

계절은 여름에서 가을로 그리고 겨울로 이어졌다. 다시 찾은 부용산. 사라진 것들에 대한 그리움 때문일까. 하얀 눈이 소복이 쌓인 부용산 봉우리엔 그날처럼 여전히 흰 구름이 걸려있었다.

유헌∥목포MBC 제작부 부장(社報 문화방송. 1999년 12월)

사라진 것들에 대한 그리움의 노래, 부용산

다큐멘터리 「부용산 오리길에」
한국방송대상 다큐 부문 우수작품상 수상

부용산은 사연이 참 깊은 노래다. 폐결핵으로 20대 젊은 나이에 세상을 떠난 천사 같은 동생 박영애를 그리며 시인 박기동은 시를 썼고, 작곡가 안성현은 천재 소녀 김정희의 죽음을 아파하며 곡을 붙였다. 가사는 벌교 부용산에서, 노래는 목포 항도여중에서 만들어졌다.

죽음이라는 신비로움과 사라진 것들에 대한 안타까움 때문이었을까. 반세기 전 그 노래는 들불처럼 퍼져나갔다. 그리고 어느 날 조용히 사라졌고 묻혀 버렸다. 그 사연 많은 내력을 추적한 다큐멘터리가 '부용산 오리길에'이다. 다큐멘터리라는 옷을 입고 부용산은 다시 세상 밖으로 당당히 걸어 나왔다.

프로그램 제작에는 원로 연극인 김성옥 선생의 도움이

켰다. 김성옥 선생은 목포에서 '부용산 부르기 대회'라는 음악회를 직접 개최하기도 했다. 반세기 전의 소년 소녀들이 60대 할아버지 할머니가 되어 당시를 회상하며 입을 모아 부용산을 노래했다. 차범석 문예진흥원장과 탤런트 임동진 씨 등은 당시를 증언했다. 김성옥 선생은 "그리움 강이 되어 내 가슴 맴돌아 흐르고 재를 넘는 석양은 저만치 홀로 섰네"로 시작하는 부용산의 2절 가사를 호주 시드니의 박기동 시인에게 직접 받아오기도 했다.

1999년 5월 29일 저녁 6시 30분, 목포 시내 '뉴프린스' 카페 음악회에서 실로 52년 만에 소프라노 송광선 교수에 의해 2절이 처음 불렸고, 다큐멘터리 '부용산 오리길에'를 통해 전파를 타고 전국에 전해졌다.

부용산은 이처럼 나에게 기쁨과 영광을 안겨준 노래이다. 세종문화회관에서 열린 제26회 한국방송대상 시상식은 KBS, MBC, SBS 등 지상파 3사를 통해 생중계됐다. 당시 인기 연예인들이 직접 시상자로 나섰는데, 지역방송 다큐 부문 수상자였던 나는 탤런트 김남주로부터 트로피를 받았다. 목포 MBC 뉴스데스크를 통해서도 방송이 됐고 몇몇 지역신문에서도 소식을 전했다. 내 프로그램을 인용한 여러 신문 기사뿐만 아니라 타 방송사에서도 부용산을 조명하는 다큐멘터리를 제작하기도 했다. 방송대상 수상 직후 실린 전남일보 기사 내용을 소개한다.

목포 MBC 유헌 PD 제작 '부용산 오리길에'

한국방송대상 우수 작품상과 MBC 다큐멘터리 경연대회 대상 수상

「목포 MBC가 제작한 특집 다큐멘터리 '부용산 오리길에'(연출 유헌 제작부장)가 제26회 한국방송대상 다큐부문 우수작품상을 수상한 데 이어 제21회 MBC 다큐멘터리 경연대회에서도 최고상인 대상을 수상했다.

다큐멘터리 '부용산 오리길에'는 애절한 가사와 조용히 파고드는 선율로 인간에 대한 연민과 사라진 것들에 대한 애달픔을 노래한 '부용산'의 사연을 추적한 프로그램이다.

악보도 없이 전해오던 '부용산'은 다만 작곡가가 월북했다는 이유만으로 금지곡이 됐었다. 한때는 '빨치산의 노래'로 또 80년대에는 '운동권의 노래'로 떠돌아다니던 이 노래는 박기동의 시에 안성현이 지은 곡이다.

목포 MBC는 한국방송대상 수상 후 '부용산' 노래가 담긴 다큐멘터리를 테이프로 제작해 전국에 보급한 바 있

으며 CD 제작을 위해 가수를 섭외 중이다.

유헌 PD는 "부용산이 호남지방에서뿐만 아니라 전국적으로 널리 불리는 국민의 노래로 부활하는 계기가 됐으면 한다"고 말했다.

第26회 방송 대상 시상식은 방송의 날인 지난 10월 3일 세종문화회관 대공연관에서 있었으며, MBC 작품경연대회 시상식은 오는 12월 2일 서울 문화방송 창사 38주년 기념일에 있을 예정이다.」(전남일보, 1999년 11월)

이처럼 나는 다큐멘터리를 제작하고 나서 방송인 최고의 영예라고 할 수 있는 방송대상도 받았고, MBC 다큐경연대회 부상으로 스페인, 그리스, 터키, 이집트 등 지중해 4개국 여행 선물도 받았다. 그렇게 1999년이 저물고 있다. 새로운 천년, 어떤 세상이 열릴까. 나는 또 어떤 빛깔의 그림을 그릴까. 나도 내가 궁금하다.

생과 사를 초월하는 달관으로 생을 녹여놓은 사람들

다큐멘터리 「다순구미 사람들」
MBC 다큐멘터리 경연대회 동상 제작기

온금동은 거기 있었다. 유달산 자락 양지바른 골짜기에 옹기종기 마을을 이루고 거기 있었다. 온금동의 또 다른 이름은 '다순구미'이다. 구미의 어원이 산골짝을 뜻하는 굽이굽이에서 비롯됐다고 하니까 온금동은 따뜻한 동네라는 뜻일 게다.

노령산맥의 끝자락 유달산 줄기가 남쪽으로 흐르다가 잠시 한 자락은 서산동 쪽으로 나가고 또 한 자락은 남서쪽으로 뻗어내렸는데 그 골짜기에 온금동은 자리 잡고 있었다. 이처럼 온금동은 가까이에 있었다.

그런데도 나는 온금동에 가본 적이 없었다. 대반동 가는 길에 차를 타고 지나치는 일 외엔 15년 동안 온금동이라는 동네를 가본 적이 없었고 온금동에 대해 아는 바도 없었다. 막연히 온금동엔 과부가 많고 같은 날 제사를 지내는 사람들이 많고 민요와 무속이 다른 지역보다 더 많을 거라는 사실 이외에는 별로 아는 것이 없었다. 나에게 온금동은 그런 곳이었다.

그런데 어느 날 온금동이 '다순구미'란 이름으로 나에게 다가왔을 때 뭔가 만들어봐야겠다는 생각을 하게 되었다. 그래서 시작한 일이 바로 다순구미 사람들을 만나러 다니는 일이었다.

땡볕을 뒤집어쓰고 유달산 자락 언덕바지 온금동 골목길을 수도 없이 누볐다. 낮에 집을 비우고 일을 나간 사람들이 많아 밤낮 새벽 없이 온금동에서 살다시피 했다. 바지락 캐러 나간 아낙을 만나기 위해 갯벌을 누볐고 말문을 닫고 돌아앉은 할머니를 설득하기 위해서는 낮술까지 함께하며 갖은 정성을 다했다.

취재 기간 내내 느낀 것이지만 다순구미 사람들은 순박했고 산제와 민요에 대한 애정이 각별했다. 동네를 먼저 생각하는 마을 공동체 의식 또한 고스란히 간직하고 있었다.

미신이라 하여 억지로 철거되고 지금은 사라져가는 다순구미의 산제와 민요. 그러나 다순구미 사람들에게 산제와 민요는 단순히 미신이 아니라 엄청난 의미를 담고 있는 그들만의 신앙이라는 걸 알았다.

뱃사람이 많고 제삿날이 같고 과부가 많아 여자 혼자 생계를 꾸려나가는 세대가 유달리 많은 다순구미. 눈물 많고 정 많고, 그러면서도 한숨과 눈물을 그저 단순히 흘려보내기보다는 그물 싣는 노래나 노 젓는 노래, 타령과 육자배기 가락을 통해 생과 사를 초월하는 달관으로 생을 녹여놓는 사람들.

그 옛날 나루터가 공장이 되어 마을 자체를 바꾸어 버렸듯이 온금동의 지금 모습은 다순구미만의 문제가 아니라 목포, 아니 이 나라 전체의 사라져가는 것들에 대한 눈물겨운 애착이라는 생각이 들었다.

개항 100주년을 앞두고 목포의 눈물이 눈물로 끝나서는 안 되듯이 다순구미의 슬픔 또한 더 이상 슬픔으로 끝나서는 안 된다는 생각이 특집을 마친 지금도 뇌리를 떠나지 않고 있다.

유헌∥편성국 편성차장(社報 목포문화방송. 1996년 8월)

순수와 희망의 다순구미 사람들

다큐멘터리 「다순구미 사람들」
제18회 MBC 다큐멘터리 경연대회 동상 수상 소감

차창 밖에 첫눈이 소복이 쌓여 있었다. 한해의 끝 12월은 이렇게 시작됐고 나는 서울로 향하는 열차 안에 있다.

처음 특집 프로그램 아이템을 다순구미의 산제와 민요 쪽으로 정하고 한여름 뙤약볕 아래서 비지땀을 흘렸었는데 지금은 이렇게 차창 밖의 설경을 바라보며 조금은 여유로운 마음으로 여행의 기쁨을 즐기고 있다.

사실 '다순구미 사람들' 덕분에 본사인 서울 MBC 창사기념식장 시상식에 참석하기 위해 서울로 향하던 그 날은 폭풍 경보에다 대설주의보까지 내려져 목포-서울 간 항공기가 결항할 정도로 날씨가 좋지 않았다. 그러나 내 마음은 이미 뜨거운 열기로 가득한 시상식장에 가 있었다. 귓전에 쏟아지는 축하 박수 소리를 느끼며 약간의 흥분감마저 간직하고 있었다.

12월 2일 오전 9시 본사 공개홀, MBC 교향악단의 은은한 축하 연주를 들으며 실제로 상을 받기 위해 무대에 올랐을 땐 정말 문화방송이라는 직장이 소중했고 주변의 모든 사람이 고마웠다.

나에게 있어서 다순구미는 이처럼 큰 영광과 기쁨을 안겨 주었지만 다순구미 사람들의 무대가 된 온금동은 도시의 전형적인 달동네라 할 수 있다. 목포 개항 당시 다순구미는 올뫼 나루터를 둬 한때의 영광을 누리기도 했다지만 개항 100년을 맞은 지금은 가장 못사는 동네, 대표적인 달동네로 전락해 버린 곳이기도 하다.

뱃사람이 많아 동네엔 홀로된 여인들이 많고 또 같은 날 제사를 지내는 슬픈 과거를 공유하며 살아가는 사람들이 유달리 많은 다순구미. 그 다순구미 사람들을 통해 뱃사람들의 애환과 남편 잃은 여인들의 슬픔을 알았고 그곳에 전해 내려오는 산제와 민요에 대해서도 관심을 갖게 되었다.

'다순구미 사람들'은 MBC 다큐멘터리 경연대회 동상 수상작이라는 소중한 영광을 내게 안겨줬으니 정말 그들이 고맙고 그들의 소망대로 산제당 복원의 소박한 꿈도 이뤘으면 좋겠다. 그리고 도시 생활의 고달픔 속에서도 순수와 희망을 잃지 않고 살아가는 그들이 경제적으로 좀 더 어려움 없이 생활했으면 좋겠다.

시상식장에서 느꼈던 기쁨을 다순구미 사람들과 함께 나누고 싶다. 프로그램 제작에 끝까지 최선을 다해준 박경선 기술 감독, 매끄러운 해설로 프로그램에 날개를 달아준 황언배 아나운서 등 제작 스텝에게도 고마움을 전한다.

유헌∥편성국 편성차장(社報 목포문화방송. 1996년 12월)

우리 함께, 서유럽을 가다

다큐멘터리 「다순구미 사람들」
MBC 다큐경연대회 동상 수상기념

유럽 여행 나흘째, 조금은 이곳 분위기에 익숙해져 가고 있다. 처음 스위스 취리히에 도착했을 땐 심한 문화의 차이를 느껴야 했다. 호텔 엘리베이터를 탈 때도 Key가 필요했고, 층수는 0층부터 시작돼 무척 혼란스러웠다. 그렇지만 새로운 문화와 역사를 체험하기 위해 이곳 유럽에 오지 않았던가. 전국 MBC 다큐멘터리 경연대회 동상 수상 부상으로 수상자들과 함께한 유럽 여행은 이렇게 시작됐다.

지금 우리 일행이 설렘 속에 찾아가고 있는 베네치아는 마르코 폴로와 비발디의 고향이며, 118개 섬이 420여 개 다리로 연결된 물의 도시이다. 이탈리안들이 지중해의 진주라고까지 자랑하는 베네치아는 세계에서 가장 아름답다는 다리, Rialto 다리로 좌우 도시가 연결돼 있고, 그 사이로 우리의 시내버스 격인 정기여객선이 운항하는 수상 도시이다. 갯벌 위에 지어진 아름답고 웅장한 건축물이 바닷물 속에서 수백 년을 버티고 있다니 경이롭기까지 했다.

베네치아에서의 감동이 채 가시기도 전에 우리 일행은 문예 부흥의 발상지 피렌체에 도착했다. 피렌체는 단체 관광객의 경우 입장료를 내야만 들어갈 수 있는 도시다. 그런데도 세계 각국 수많은 관광객의 발길이 끊이지 않고 있으니 지구상에 그런 도시가 어디에 또 있을까. 입장료를 받는 도시 피렌체 사람들은 이걸 두고 자신들만의 자존심과 자신감이라고 표현한다.

유럽 여행의 하이라이트라고 할 수 있는 로마와 바티칸 그리고 나폴리와 폼페이, 소렌토를 거쳐 카프리섬까지 둘러보고 우리는 런던으로 향했다.

런던은 아직도 백 년 전 거리 모습을 그대로 간직하고 있다고 현지 가이드는 자랑스럽게 얘기한다. 단지 백 년 전의 마차 대신 자동차가 거리를 질주하고 행인들의 달라진 옷차림만이 세월의 흐름을 보여주고 있었다.

런던에서의 짧은 일정을 끝낸 우리는 영화 '애수'의 배경이 된 워털루 브릿지에 도착했다. 그리고 파리행 초고속 열차 Euro star에 몸을 실었다.

파리의 샹젤리제 거리는 150년 전 마차가 다니던 5차선 도로를 그대로 보존해 세계적인 관광명소로 만들었고, 파리의 모든 건물엔 건축 연도와 건축가를 표시해 부실시공을 원천적으로 막고 있었다.

우리의 대원군 시대에 만들었다는 에펠탑, 백 년 전 에펠이 그 탑을 만들 당시엔 계단을 이용해 321m 높이의 탑 꼭대기까지 걸어 올라가도록 돼 있었지만, 언젠가는 편리한 기계가 발명될 거라고 확신하고 탑 중앙 부분에 빈 공간을 남겨 놓아 지금은 관광객들이 엘리베이터를 이용해 오르내리고 있었다.

이번 유럽 7개국 여행은 비록 11박 12일의 짧은 일정이었지만 나에게는 정말 소중한 체험이었고 오래도록 남을 값진 역사 기행이었다.

유헌∥편성국 부장대우(社報 목포문화방송. 1997년 7월)

유달산 방송국

"더 갈 데가 없는 사람들이 와서 동백꽃처럼 타오르다 슬프게 시들어 버리는 곳 항상 술이 마시고 싶은 곳이다"

그렇다. 문병란 시인의 시가 아니더라도 목포는 그런 곳이다. 서러움이 짙게 밴 목포는 통째로 선술집 같은 분위기를 풍기는 곳이라고 누군가는 말했다. 삼학도와 유달산이 떠오르고, 선창가 세발낙지가 생각나는 곳, 목포는 그렇게 모든 이들과 만난다. 이처럼 목포 하면 유달산을 떠올리듯이 목포 사람들은 유달산 하면 MBC를 생각한다.

목포 MBC는 유달산 중턱 노적봉 뒤에 20여 년 동안 그렇게 서 있었다. 유난히 바람이 많고 하늘이 가까운 곳. 목포항의 잔잔한 물결과 크고 작은 섬들이 눈 아래 보이고 항구를 떠난 여객선들의 뱃고동 소리 들려오는 곳. 목포 MBC는 기암괴석의 유달산을 배경으로 숱한 사연을 전하고 있다.

밤마다 유달산을 찾는 연인들의 속삭임이 숙직실 창가에서 부서지고, 쓸쓸한 풀벌레 소리는 밤잠을 설치게 했다. 유달산 숙직실 창문은 항상 열려 있었다. 아니 모두가 열어놓고 잠을 잔다. 지난 20여 년 동안 유달산 방송국 숙직실은 잠을 자는 곳이라기보다 달빛을 따라 별빛을 쫓아 추억을 만들어 가는 곳이라는 표현이 맞을 게다. 저녁 방송이 끝난 후 잠을 자야 새벽 방송을 할 텐데 눈은 흐르는 구름을 잡고, 귀는 연인들의 밀어에만 열려 있으니 누군들 수면을 제대로 취할 수 있겠는가.

어쨌든 유달산 시절 가장 어려웠던 게 저녁 방송 끝내고 숙직실에서 잠을 청하는 일이었다. 이럴 때 맘에 맞는 동료라도 옆에 누워 있으면 자리에서 일어나 유달산 아래 구멍가게를 찾아간다. 세발낙지에 소주 딱 한 잔 기분 좋게 마시고 텅 빈 하늘을 향해 소리도 질러보고 유달산 순환도로를 달려도 보고 그러는 사이 새벽이 찾아오곤 했다.

나와 함께 가장 잠을 이루지 못한 친구는 유난히 키가 크고 실없는(?) 소리를 많이 하는 K였다. 엔지니어였던 그 친구는 몇 년 전 방송사를 그만두고 지금은 현해탄을 넘나들며 자그만 사업을 하고 있다. 작년 서울올림픽 스포츠 캐스터 파견 근무 때 서울에서 만났는데 그 친구는 유달산 시절이 정말 좋았노라고 몇 번이고 얘기했다.

그 친구 하면 에피소드가 참 많다. 지금은 모든 서울 프로그램이 릴레이로 바로 방송되지만 김자옥의 '사랑의 계절' 같은 드라마는 패키지로 받아 지역 방송사에서 녹음테이프로 방송하는 경우가 많았다. 그런데 그 친구가 실수로 방송 녹음테이프 순서를 바꿔 송출해 버린 것이다. 말하자면 전날 죽은 주인공이 뒷날 살아 돌아오는 식이 돼 버린 것이다. 그 당시 '사랑의 계절'은 청취율이 무척 높았기 때문에 항의성 전화도 빗발쳤다. 드라마 줄거리가 뒤죽박죽돼 버렸으니... 그래서 그 친구는 또 경위서를 썼다.

지나간 일이니까 말이지만 아침 라디오 뉴스 시간에 엔지니어가 밖에서 잠이 들어버려 뉴스를 끝내지도 못하고 헤맸던 일도 있었다. 뉴스 다음 프로그램 김동엽의 '홈런출발' 오프닝이 시작됐는데도 콘솔 앞의 엔지니어가 사인을 주지 않았다. 잠이 든 게 분명했다. 일기예보에다 방송순서 예고까지 끝내고 할 말이 없어 슬그머니 스튜디오 문을 열고 나와 엔지니어를 깨웠던 일. 그때 청취자들은 문 여닫는 삐거덕 소리에 어리둥절했으리라.

조금만 눈이 내려도 유달산 방송국으로 오르는 길은 빙판이 되기 일쑤였다. 모두가 엉거주춤 걸어야 했고, 퇴근길 내리막은 아예 앉아서 뭉개고 내려와야 할 정도였다. 눈만 내리면 나이 드신 어느 대 선배님은 운동화를 새끼줄로 동여매고 출퇴근을 했다.

그런 유달산 방송국이 문을 닫은 지 몇 달이 되어간다. 목포 입구 용당동 신사옥으로 옮겨온 지 이제 겨우 두어 달인데도 유달산 방송국이 추억으로 남는다. 앞으로 시간이 조금 더 지나면 후배들은 믿기지 않는 듯 반문하리라. "정말 유달산 노적봉 뒤 그 벼랑에 MBC가 있었습니까?"

유헌//목포 MBC 아나운서(아나운서 창간호. 방송 따라 바람 따라. 1989년 8월)

파도 파도, 파도 섬 가거도

MBC 테마기획「그 섬에 가고 싶다」

'너무 멀고 험해서 오히려 바다 같지 않은 거기 있는지조차 없는지조차 모르는 섬'

그렇다. 시인 조태일의 시처럼 가거도는 그런 섬이다. 망망대해 400리 뱃길을 달려 가거도에 도착하면 먼저 바람을 만나고 파도를 느낀다. 한반도 최서남단의 외딴 섬. 처음엔 외지고 외진 섬 중에서 가장 변방에 있다는 의미로 갓갓섬으로 불리다가 살만하다는 뜻의 가거도로 바뀐 지도 벌써 오래다. 그만큼 지금 가거도는 변해 있다. 우선 육지 나들이가 쉬워졌고 관광객도 늘었다. 몇 년 전까지만 해도 목포에서 가거도를 가려면 흑산도에서 하룻밤을 묵어야 했다. 가거도까지 격일로 여객선을 운항했기 때문이다. 그러나 지금은 호화 여객선이 매일 운항하고 있다. 물론 피서철 특별 수송 기간이 끝나는 8월 15일부터는 짝수일만 운항하지만 흑산도에서 하루를 보내는 번거로움은 덜 수 있어 좋다.

운항 시간도 크게 줄었다. 목포에서 아침 8시에 출항하는 쾌속선에 몸을 맡기면 4시간 후에 가거도 대리항에 도착한다. 끝없는 수평선, 점점이 떠 있는 섬들에 취해 그곳에 도착하면 갯바람에 검게 그을린 가거도 사람들이 반긴다.

사람 좋은 최호길 씨. 내연발전소장인 최 씨는 발전소 일보다 가거도를 찾은 사람들을 안내하고 가거도를 알리는 데 더 열심이다. 최호길 소장을 만나면 가거도 여행의 절반은 이룬 셈이다. 가거도 8경에서 숙박까지 모든 걸 소상히 안내한다. 가가도 사람들은 아름다운 자연환경을 가장 큰 자랑으로 여기며 살고 있다.

가거도는 섬 전체가 전설이고 보물이다. 중국 상해의 닭 울음소리가 들린다는 독실산. 639m의 독실산은 천사의 섬 신안군에서 가장 높은 산이다. 정상에 레이더 기지가 있어 조금 아쉽지만 정상에 오르면 온갖 시름을 잊을 수 있어 좋다. 산허리를 감도는 구름을 딛고 시퍼런 바다를 내려다보는 기분, 글로 표현하기 어렵다. 산을 좋아하는 사람이라면 가거도 1구 대리 마을을 출발해 회룡산을 거쳐 독실산으로 향한다면 가거동의 희귀식물을 볼 수 있어 더욱 좋다. 풍란, 죽란, 새우란, 산살구나무, 후박나무....

가거도는 섬 전체가 낚시터다. 돌돔, 농어, 방어, 우럭이 요즘 많이 잡힌다. 청정해역에서 갓 잡은 횟감에 보해소주 한 잔이면 세파를 잊을 수 있다.

아름다운 풍광에 흑염소 떼가 풀을 뜯고 후박나무 껍질 벗기는 아낙들의 노랫가락 정겨운 곳, 가거도는 그런 곳이다. 가거도 멸치잡이 노래 선소리 김명후 할아버지의 구성진 음성을 들을 수 있는 곳. 여름밤, 방파제에 둘러앉아 파도소리 반주삼아 노랫가락에 젖어 들면 어느새 청정해역 수평선 위로 먼동이 터온다. 가락과 인정이 살아 숨 쉬는 곳, 그곳 가거도가 벌써 그리움으로 다가온다.

유헌〃목포 MBC 제작부 부장(社報 문화방송. 1999년 8월)

30시간의 전국 일주 기차여행

「MBC 가이드」 여름 기획

7월엔 나그네가 돼야 한다고 누가 얘기했던가. 7월이 마지막 가는 주말. 오전 근무를 끝내고 두 아들과 아내 그리고 나는 서울행 통일호 열차에 몸을 실었다.

목포역은 피서객으로 크게 붐볐다. 밀물처럼 출구를 빠져나오는 인파들. 원색의 옷자락에서 파도 소리가 들리는 듯했다. 저들은 바다로 가고, 나는 서울로 가고....

서울행 열차를 탔지만 최종 목적지는 목포다. 테마가 있는 여행, 기차로 나라를 한 바퀴 돌아보면 어떨까. 그래서 계획한 게 전국 일주 기차여행이다. 목포에서 서울, 서울에서 강릉, 강릉에서 부산, 부산에서 다시 목포로 돌아오는 대장정. 지금 막 그 첫걸음을 뗀 것이다.

기차가 목포역 플랫폼을 빠져나간다. 종착역에서 출발한 아이러니. 어차피 며칠 후면 우리는 종착역인 목포역으로 다시 돌아올 것이다. 아내도 아이들도 조금은 들떠 있는 듯했다.

5분여 왔을까. 동목포역을 스치며 지나간다. 참 정겨운 간이역이다. 목포 시내를 벗어난 열차가 속도를 내기 시작한다. 삼향역에서 왁자한 사투리들을 또 한 짐 싣고 통일호는 북으로 북으로 달린다. 아이들은 군것질 맘껏 해서 좋고 나와 아내는 덩달아 좋고... 그렇게 5시간 30분을 달려왔다. 서울에 도착해 첫 밤을 묵었다.

서울의 밤을 보냈다. 이번에는 강릉행 열차이다. 동해로 가는 거다. 서울에서 강릉까지 7시간 30분이 걸린 여행 동안 오염된 팔당 호수와 태백 탄광촌의 계곡물로 우울했지만 영월 땅 옥수수 밭길 아이들의 소박한 미소가 좋았고 동해를 생각할 수 있어 설렜다. 경포대 해수욕장에서는 동해를 직접 느낄 수 있어 더욱 좋았다. 강릉에서 파도 소리를 들으며 하룻밤을 묵었다.

여행은 계속된다. 오늘은 남행열차이다. 강릉 · 부산 간 무궁화 열차 속에서 바라본 남빛의 동해가 파랗게 부서진다. 망상 해수욕장을 옆에 끼고 열차가 남으로 달린다. 비키니 차림의 낯선 아가씨가 손을 흔들고 있다. 기분 좋은 여정, 강릉에서 부산간 8시간 30분의 여행 동안 도계읍 산악지대 벼랑 위를 달릴 때는 가슴에 서리가 내렸고,

부산에서 목포 간 통일호 찜통 열차 안에서는 제대로 여름을 실감했다.

2박 3일의 짧은 일정이었지만 30시간의 전국 일주 기차여행으로 두 아들의 노래 실력은 크게 늘었고, 아내와 나는 최장 시간 마주 앉아 서로를 바라본 기록을 세웠다. 아주 특별한 여행, 가족의 사랑은 더욱더 깊어졌다.

부산에서 목포까지 415km 8시간 30분을 달려 목포에 도착했을 땐 새벽 5시 30분. 유달산 산허리에 아침 안개가 걸려있었고, 나는 출근 준비를 서둘러야 했다.

유헌〃목포 MBC 아나운서부(MBC 가이드 8월호. 1990년 8월)

제7부

거기 길이 있었네

제7부

거기
길이
있었네

다산, 주모를 만나다

반남정에서 사의재까지

해가 설핏 지고 있다. 만덕산이라고 했던가. 반달 고개 너머 서녘 하늘이 붉게 타고 있다. 이젠 먼 길 동행한 그림자마저 사라지고 다시 혼자가 됐다. 동문 밖을 서성인 지 벌써 반 시진(時辰)째다. 길섶에 주저앉아 어두운 하늘을 쳐다본다. 여기가 어딘가. 왜 내가 이곳 강진까지 와 있는가.

날은 이미 저물었다. 동문 안으로 들어선다. 소소리바람이 거리를 휩쓸며 달려가고 있다. 골목길 너머로 사라진다. 주변이 온통 적막이다. 인적도 끊어졌다. 어쩌다 스쳐 지나가는 이 눈길 한번 주지 않는다.

목이 마르다. 다리도 아프다. 무엇보다 가슴이 아프다. 오늘 하루 얼마를 걸었던가. 날이 채 밝기도 전에 나주 율정 마을을 나섰으니 꼬박 일곱 시진(時辰)은 걸은 것 같다. 띠풀로 이은 주막집 푸르스름한 등잔불 밑에서 약전

형님과 뜬눈으로 밤을 새운 탓인지 눈꺼풀도 무겁다.

나주 반남정 주막거리, 새벽녘 잠깐 눈을 붙인 사이에 형님은 길을 떠나고 없다. 땅이라도 꺼지는가. 심한 어지럼증으로 몸을 가누기가 힘들다. 새벽별 아직 총총한데 길을 나섰단 말인가. 살아생전에 다시 만난다는 기약 하나 없는 절박한 순간에 한마디 말도 없이 떠나다니. 형은 차마 나와 마주 보며 이별하기가 싫었을지도 모른다. 그런 형이 더 야속하고 원망스럽다. 평소 아버지처럼 존경하고 의지하며 살아왔던 형이 아닌가. 함께 보낸 주막을 쉽게 뜰 수 없어 그 자리 맴돌기를 이각(二刻). 날이 밝아온다. 나도 길을 재촉해야 한다. 주막을 나오니 삼거리 길이다. 형은 왼편 갈림길을 따라갔을 것이다. 영산포구를 향해 힘든 발걸음을 옮겼을 것이다. 뒤돌아보고 또 돌아보고, 떨어지지 않는 무거운 걸음이었을 것이다.

나는 오른쪽으로 휘어진 황톳빛 남도길을 따라가야 한다. 풀섶에 찬 이슬이 맺혀 있다. 간간이 여치며 땅개비가 후다닥 줄행랑을 친다. 내 몰골 보지 않아도 뻔하다. 땟국물이 좔좔 흐르는 꾀죄죄한 행색에 눈망울은 십 리나 들어가 있을 것이다.

길은 언덕을 넘고 산길로 이어진다. 노랗게 물이 든 솔잎이 수북하다. 소나무 가지 사이로 가을바람이 휘돌아 나온다. 우수수 낙엽이 지고 있다. 솔향이 폐부 깊숙이 스며든다. 숙취로 지근거렸던 두통이 사라지자 가족들이 아른거린다.

형님은 어디쯤 가고 계실까. 바닷길인데 별고는 없으실까. 망망대해를 일엽편주로 건너고 있을 형님을 생각하니 마음이 무겁다. 오는지 가는지 흔적조차 가늠하기 힘든 난바다에서 뱃길을 잃고 생과 사의 경계를 넘나들고 있을지도 모른다. 아, 무슨 얄궂은 운명이란 말인가. 너무도 갑작스레 풍비박산 난 가족사를 생각하니 또 울분이 치밀어 오른다.

오솔길을 벗어났다. 나지막한 평야 지대가 나타난다. 나주목 어디쯤일 것이다. 언덕에 자리를 잡고 앉았다. 발등을 내려다보니 짚세기 사이로 발가락이 삐죽 나와 있다. 내 발가락 내가 봐도 처량하다. 짚신도 주인을 잘 만나야 한다. 하물며 나라는 어떤가. 온갖 생각들이 스쳐 간다. 급작스러운 정조대왕 승하 이후 영남의 장기현으로 내쳤다가 한양으로 압송했고 이제는 물설고 낯선 땅 강진이라니. 그러나 참아야 한다. 이겨내야 한다. 많은 가족 친지들 참수당하고 관노로 끌려갔지만 아직 두물머리 강변에는 내 가족이 있고 이 땅에는 순박한 백성들이 있지 아니한가.

눈 아래 게딱지처럼 달라붙은 들판이 텅 비어 있다. 추수 끝낸 논배미를 찬바람이 훑고 있다. 이삭이라도 줍는 것일까. 걸망을 걸친 아낙과 아이가 논바닥을 분주히 오고 간다. 올해도 흉작이라는데 주워 담을 낱알이 있기는 하는 건가. 어떻게 또 한해를 버틸까. 백성들은 하루 한 끼 때우기도 힘들다는데 조정에서는 허구한 날 싸움질로 날을 지새우고 있으니 이 나라가 걱정이다.

반남정 주막을 나선 지 한 시진(時辰) 반이 지났다. 아침에 요기를 제대로 하지 않아서일까. 허기가 몰려온다. 갈증이 더 심해졌다. 짚신을 곧추 신고 길을 재촉한다. 밑창이 다 닳아 냉기가 발바닥을 핥고 있다. 천지가 적적하다. 억새가 솜털처럼 흔들리는 언덕을 지나 논틀밭틀을 따라 한참을 걷는다. 다시 자드락길로 접어든다. 찬 바람이 불 때마다 낙엽이 나뒹군다.

이제 영암 땅으로 들어선다. 우뚝 솟은 월출산 북쪽 벽이 보인다. 울퉁불퉁 드러난 산맥의 근육이 나를 이끌고 있다. 힘을 내야지. 풀치재 지나 누릿재를 넘어야 한다, 세상에 이런 슬픔이 어디에 있는가. 유배지를 향해 처절하게 내달리는 기막힌 슬픔 말이다. 그래도 가야 한다. 저물기 전에는 적소(謫所)에 도착해야 한다. 발밑이 감각을 잃은 지 오래다. 허리춤의 짚세기도 몇 개 남지 않았다. 참으로 참담하다. 어찌하여 이 길을 홀로 걷고 있나. 유배지 가는 길에 뿌린 내 눈물의 양을 하늘은 알고나 있는 걸까. 동짓달 삭풍이 정처 없이 떠도는 허공을 향해 짐승처럼 울부짖었다. 산새가 놀라 소스라친다. 우렁우렁한 울음소리에 낙엽이 또 지고 있다.

어느새 누릿재 초입에 들어선다. 남도의 선비들이 과거보러 한양 갈 때 넘는 재라던가. 그런 선비와 마주칠까 두렵다. 아니 그를 만나 주막에서 대폿잔이라도 나누고 싶다. 외롭다. 쓸쓸하다. 배도 고프다. 점심때가 한참이나 지났다. 여기 어디쯤 주막이 있을 것도 같은데…,,

등짐을 짊어진 사내가 오고 있다. 사십은 넘겼을까. 바짝 마른 얼굴이 새까맣다. 추수 끝낸 잡곡을 돈사려고 영암장에라도 가는 걸까. 힐끔 한 번 쳐다보더니 피하듯 길을 비켜선다. 강진이나 해남사람들. 남해안의 해산물을 나주 등지의 농산물과 바꾸기 위해서도 무수히 이 재를 넘었을 것이다. 재가 가파르다. 기울어진 나의 오늘처럼 위태롭다. 고개를 돌려 내리막길의 사내를 바라본다. 이 땅 백성들의 고단한 삶이 겹쳐 보인다.

저만치서 주막이 다가왔다. 산죽으로 얼기설기 엮어 만들었다. 때를 훌쩍 넘겨서일까. 안으로 들어서니 썰렁하다. 구석진 자리에서 부부로 보이는 사람 둘이 막 일어서고 있다. 탁자에 자그만 툭시발 두 개가 놓여 있는걸 보니 막걸리 한두 잔으로 늦은 점심을 해결했나 보다. 쭈뼛쭈뼛 주모가 다가온다. 위아래를 훑어본다. 뭘 먹을 건지 묻는 표정이다. 우선 막걸리 한 순배를 들이켰다. 연거푸 한잔을 더 마신다. 순간 취기가 오른다. 파도가 휘몰아치는 흑산 바다 한가운데서 낙엽처럼 흔들리고 있을 형님의 안부가 궁금하다. 두물머리 가족들은 모두 무탈한지. 술을 너무 급하게 마셨나. 취기가 오르자 다잡았던 마음이 서서히 허물어져 가고 있다. 국밥은 입에 대지도 못하고 한 식경(食頃) 만에 일어섰다. 먹을 수가 없었다. 주모가 무슨 말인가를 하려다 그만 입을 닫는다.

이제 부지런히 걸어야 한다. 어두워지기 전에 강진현 동문 밖에는 도착해야 한다. 지금은 노론 벽파의 세상이다. 나를 적소에 가두고 밀착 감시하기 위해 노론 골수 이안묵을 강진현감으로 보낸다는 얘기도 들린다. 그들에게 사소한 트집이라도 잡힌다면 나에게 무슨 더한 일이 닥칠지 모른다.

해발 230m의 누리령을 넘는다. 심호흡 한번 길게 하고 바로 내리막길로 들어선다. 여기서부터는 강진 땅이다. 저 아래 옹기종기 초가가 보인다. 아마 신월마을일 것이다. 경사가 그리 심하지는 않다. 오른쪽으로 눈을 돌리니 기암괴석이 솟아 있다. 바위에 걸터앉아 한참 동안 달구봉을 바라봤다. 낯설지가 않다.

"누리령 산봉우리 바위가 우뚝우뚝. 나그네 뿌린 눈물로 언제나 젖어있다. 월남리로 고개 돌려 월출산을 보지 마소. 봉우리들이 어찌 저리 한양 도봉산 같은고."

시 한 수를 지어 읊고 나니 설움이 밀려왔다. 그러나 상념에 젖어 있을 틈이 없다. 비탈길이 끝나자 평지가 이어진다. 부지런히 걸으니 반 시진(時辰) 만에 월출산 천황봉 아래 월남리에 도착한다. 그곳에서 월남사를 창건한 것으로 알려진 고려의 진각국사 혜심을 기리는 비와 삼층석탑만 잠깐 둘러보았다. 월남사 창건 시기는 후백제 시대 혹은 그 이전인 백제 시대 사찰이라는 이론도 만만치 않기 때문에 담에 시간을 내 찬찬히 돌아볼 생각이다.

해가 월출산 서쪽 능선에 걸려 있다. 옥판봉 노을 기둥이 그림 같다. 땅거미가 내리기 시작한다. 백운동 별서정원으로 넘어가는 길 좌측으로 꽤 너른 평수의 완만한 경사가 평지까지 이어져 있다. 말을 키우든 차밭을 일구든 잘만 가꾼다면 무척 쓸모 있게 이용할 수도 있을 것 같다.

월출산 자락의 풀빛 녹차 밭을 마음속에 그려본다.

인기척에 놀라 정신이 번쩍 들었다. 동문 밖 큰샘 옆 느티나무 밑에 쭈그려 앉아 그만 잠깐 잠이 들었나 보다. 꿈결처럼 지나온 발길을 더듬고 있었나 보다.

해 설핏 지고 있다 서녘이 타고 있다 먼 길 동행한 그림자마저 떠나가고 옷깃을 파고든 삭풍 문풍지처럼 떨고 있다. 강물로 밀려오는 천릿길 뿌린 눈물 후드득 한우寒雨가 등걸잠 적시는데 큰샘 옆 느티나무 아래 사로자며 꿈을 꾼다. 먹장구름 빠르게 빈 하늘 뒤덮고 자줏빛 가슴이 찢겨져 흩어진다 비릿한 휘파람 소리 폐부를 관통한다. 인기척에 실눈 뜨고 별 하나를 쳐다본다. 거기 뉘시오 뉘신데 그렇게 한데서 고꾸라져 있소 몰골을 보니 상거지가 따로 없네그려 어서 들어 오시요 나를 거뒀다가 큰 화라도 당하면 어쩌시려고 참견을 하시는 거요 무슨 놈의 화는 화요 게딱지 같은 소리는 하지도 마시요 사람이 죽어가는 데 못 본 체하는 그런 인정이 시상에 어딨다요. 다산이 주모를 만나 우주 속으로 걸어간다.

- 유헌「적소謫所의 밤」전문

노파는 나를 이끌고 주막 안으로 들어선다. 주모가 부엌으로 들어간 사이에 과년한 계집아이가 행주로 탁자를 쓱쓱 닦고 있다. 주모의 딸이라도 되는 걸까. 슬쩍 나를 쳐다보다 눈길이 마주치자 시선을 얼른 거두고 딴전을 부린다. 수줍음이 묻은 눈빛에 호기심이 가득 담겨 있다. 내가 엉거주춤하고 있자 주모는 나를 자리에 앉히고 따끈한 아욱국과 막걸리를 한 됫박 내왔다. 그리고 나는 그 주막 골방에서 강진에서의 유배 첫날밤을 보냈다.

만약, 그날 그곳에서 다산이 주모를 만나지 못했더라면, 주모가 다산을 거둬주지 않았더라면... 역사에는 가정이 없다고 한다. 그럼에도 그날 두 사람의 만남에 대해 만약이라는 가정을 해본다. 다산은 유배 당시 극도의 공황 상태에 있었을 것이다. 자포자기 상황에 빠져 있었을지도 모른다. 어처구니없는 올가미에 걸려 가족들이 참형을 당하고 유배를 떠나고 관노가 된 현실을 지켜보면서 세상에 대한 증오와 앞날에 대한 불안으로 불면의 밤을 지새웠을 것이다. 사의재 뒤 골방에 은거하면서도 한동안 비탄의 나날을 보냈던 것으로 역사는 기록하고 있다. 그때 주모의 따뜻한 보살핌이 없었더라면 어떻게 되었을까. '언제까지 허송세월할 거냐, 후학이라도 가르쳐봐야 하지 않겠는가'라는 주모의 간절한 충고가 없었더라면 어떻게 되었을까. 이제 주모는 200년 전 그 주막을 나왔다. 사의재 뒷마당에서 손님을 맞고 있다. 무슨 말을 하고 있는 걸까. 오늘 그 길고 긴 주모의 이야기가 궁금하다.

월출산 마애불을 찾아서

석불이 곧 절이란다

늦가을, 강진 성전면 경포대 입구, 빨강 노랑의 단풍잎들이 흩날리고 있다. 생을 마감한 떡갈나무 잎새들은 어느새 낙엽이 되어 뒹굴고 있다. 계곡을 오른다. 언제 비가 내렸을까. 붉게 물이든 계곡물이 제법 세차다. 바위틈을 휘돌아 내달리는 물줄기, 맞서지도 거스르지도 않고 제 길을 찾아 흐르는 물의 경전(經典), 말씀은 거기에도 있었다.

인적이 없다. 새소리도 들리지 않는다. 얼마나 걸었을까. 저만치에서 인기척이 들린다. 초로의 여인 둘이 길가 바위에서 지금 막 몸을 일으키고 있다. 쑥물 든 바지를 입고 있다. 이 근방에 어디 절도 없는데 웬 보살님들일까. 그쪽에서 먼저 말을 걸어온다. 조금은 쑥스러워하는 표정이다. "등에 진 짐이 하도 무거워 그냥 뱃속에 담아 버렸네요." 묻지도 않은 말을 한다. 그러고 보니 큼지막

한 배낭들을 메고 있다. “어디에서 오셨습니까?” “대구에서 새벽밥 먹고 나왔소” “대구요?” 내가 놀라자, 정수사가 있는 대구에서 왔다고 한다. 경북 대구가 아니라 강진 대구면에서 온 것이다. “그런데 지금 어디 가시는 길입니까?” “절에 가는 길이요” “아니, 요쪽에 무슨 절이 있어요?” “구정봉 너머에 있답디다.” “영암읍 쪽에 천황사가 있고, 군서면에 도갑사가 있는 건 알고 있는데, 어디 산꼭대기에 절이 있답니까?” “있어라우, 마애불이 절이지요. 그 절에 가고 있소.” 아, 그랬다. 난 생각지도 못했다. 석불이 절이라? 발길이 거의 닿지 않는 험한 절벽, 월출산 마애여래좌상. 우연도 참 특별한 우연이다. 이게 바로 불교에서 말하는 인연인가 보다. 지금 나도 그 벼랑을 찾아가는 길인데, 누구는 석불을 찾아가고 누구는 사찰을 찾아가고....

떡갈나무 사이에서 물소리가 굴러온다. 좀 더 깊은 계곡으로 들어간다. 집터였을까. 허물어진 언덕바지 대숲에서 바람 소리가 걸어온다. 손짓을 한다. 언제였을까. 누가 살다 갔을까. 잠시 생각에 잠긴다. 다시 산골짝을 오른다. 비탈길이 이어진다. 벼랑에 너덜겅이 나타난다. 애추(崖錐)이다. 이들은 언제 또 이곳으로 왔을까. 어디에서 건너왔을까. 우연일까. 필연일까. 만남을 생각한다. 인연이란 도대체 무엇이란 말인가. 징검돌을 지나간다. 가로질러 올라간다. 숨이 차다. 계곡물 소리 여전하다. 산길 바위에 걸터앉아 하늘을 바라본다. 오래된 소나무 가지 사이에 흰 구름이 걸려있다.

한 시간 반 남짓 올라온 것 같다. 깔끄막 콧잔등쯤에서 찬바람이 불어온다. 능선이 가까워진 것이다. 바람재에 도착했다. 명성 그대로 회오리바람이 거세다. 잿등에서 바라보니 우측으로 809m의 천왕봉이 덩두렷하다. 왼편엔 향로봉과 구정봉이 턱 버티고 서 있다. 바람재에서 잠시 숨을 고른다. 천왕봉과 구정봉 사이에 구름다리가 놓이면 참 좋을 것 같다는 엉뚱한 생각을 하며 2수로 된 졸작 내 연시조 '바람재'를 읊조려본다.

갈필을 번쩍 들어 일필휘지 흘림체로 이 봉과 저 봉 사이 그어놓은 외줄 하나 훅 불면 날아갈 것 같은 잿등이 거기 있다. 먼 길을 건너온 어느 생生의 몸짓일까 회오리 휘익 휘익 모서리를 쪼고 있다 온전히 바람이 빚은 초승달이 거기 있다.

- 유헌 「바람재」 전문

구정봉이 저기 저 눈앞이다. 걸음을 재촉한다. 가파른

나무 계단을 오른다. 계단을 만들어놓지 않았다면 정말 오르기 힘들겠다. 79개의 계단을 오르니 다시 능선이다. 문득 고개를 들고 쳐다봤다. 큰바위 얼굴이 건너편에서 나를 바라보고 있다. 언제부터 저 모습이었을까. 바람이 깎고 무수한 눈비가 다듬었을 저 얼굴. 수수만년 천황봉을 바라보며 무슨 생각을 저리 골똘히 하는 걸까. 무심한 저 눈빛의 속내가 궁금하다.

구정봉에 닿으려면 도갑사 가는 방향 능선까지 올라갔다가 우측으로 가는 길과 베틀굴을 오른쪽에 끼고 가파른 바위를 오르는 방법이 있다. 어디로 가든 큰 차이는 없다. 구정봉 능선은 바람재에서 30여 분 거리에 있었다. 그곳에 마애여래좌상 안내 표지판이 있다. 국보 144호인 마애여래좌상은 해발 738m 지점에 있다. 우리나라에서 가장 높은 곳에 위치한 국보란다. 마애불은 500m 정도 서북쪽 능선을 타고 다시 내려가야 한다. 그래서일까. 대부분의 등산객은 구정봉만 올라갔다가 그냥 돌아간다. 그만큼 마애불 가는 길이 험하다는 얘기일 수도 있겠다.

저 멀리 우뚝 솟은 천황봉을 바라보며 잠시 휴식을 취했다. 마애불로 가는 등산객은 없었다. 경포대 삼거리에서 헤어진 보살님들은 지금 어디쯤 오고 있을까. 다시 길을 서둘렀다. 북풍 때문일까. 세월의 풍상을 견디며 명품

분재로 자란 소나무들이 기암괴석들과 어우러져 풍경을 만들고 있다. 밧줄에 매달려 내려간다. 줄을 놓치면 자칫 계곡 아래로 추락할 수도 있겠다. 다시 능선, 또 내리막이다. 외줄에 몸을 맡기고 내려간다. 30여 분을 내려왔을까. 마애여래좌상 0.1km 표지판이 나타났다. 꼭꼭 숨은 석벽이 모습을 드러내는 순간이다. 천 년 전으로 걸어 들어갔다.

석불은 거대했다. 자그마치 높이가 8.6m나 됐다. 경포대 등산로 초입에서 만난 보살님들이 말한 바로 그 천년 고찰이다. 좀 더 떨어져서 올려다봤다. 눈은 약간 치켜 올라간 듯하고 지그시 내리뜨고 있다. 콧날은 오뚝하고 입은 꽉 다물고 있다. 떡 벌어진 어깨와 풍만한 가슴은 당당해 보이기까지 했다. 무엇보다도 이 높은 곳, 험한 절벽에 석불을 새겼다는 사실이 경이로웠다.

이 마애불은 전체적으로 안정되고 장중한 느낌을 주는데다 조각 수법이 섬세하고 치밀해 보이지만 신체에 비해 얼굴이 비교적 크고 경직된 모습이었다. 이게 바로 고려 시대 거불(巨佛)들의 특징이란다. 그래서 전문가들은 이 마애불을 통일신라 말기 혹은 고려 초기의 작품으로 추정하고 있다. 고려의 건국 연도가 918년이니 이 석불의 나이는 어림잡아도 천년이 훌쩍 넘는다.

찬찬히 보니 석불은 오른쪽 무릎 옆에 87cm의 동자승을 품고 있었다. 부처님을 향하여 예배하는 모습으로 조각된 동자상, 수행자의 이상(理想)이라고 하는 그 선재동자이다. 조금은 아래를 향한 시선이라든지 입가의 부드러운 미소가 내 마음까지 신심(信心)으로 물들게 한다. 천 년 전 벼랑 끝에 아슬아슬 매달려 석불을 새긴 이 누구일까. 이름 없는 석공의 불심에 절로 고개가 숙어진다.

석불에서 백여 미터 아래에 용암사지가 있다. 가파른 내리막이었지만 돌계단으로 길을 내놔 별 어려움은 없었다. 길옆으로 잡풀이 우거져 있다. 용암사지는 또 어떤 모습일까. 입구에 들어서자 절구가 먼저 눈에 들어왔다. 빗물이 고여 있었다. 무슨 용도로 쓰였을까. 천년의 세월 고였다 말랐다를 반복했을 빗물의 양은 얼마일까. 어쩌면 이 산자락을 수없이 덮고도 남았으리. 월출산 자락의 뭇새들이 찾아와 목을 축였을 것이고 다람쥐 등 동물들의 생명수 역할도 톡톡히 해냈을 것이다.

주변을 살펴봤다. 절터 곳곳에 초석이 노출돼 있고 기왓조각이 흩어져 있다. 사지(寺址) 뒤편은 자연 암반을 그대로 활용하고 있어 거의 원형을 유지하고 있는 것처럼 보였다. 당시 식수로 사용됐을 것으로 추정되는 우물지가 지금도 남아 있었다. 깊이가 1m는 족히 넘어 보였다. 암벽에 마애불을 새기던 석공도 이 우물가에서 목을 축였을 것이다. 이곳에서 물이 솟아나지 않았다면 절이 존재나 했겠는가. 모두가 인연이다.

주변을 다시 돌아봤다. 볼수록 신기했다. 도대체 누가 이 높은 곳에 절을 세웠단 말인가. 50여 미터 떨어진 입구에 '죽암당(竹岩堂)'이라고 새겨진 석종형(石鐘形) 부도 등 2기의 부도가 보인다. 조선 후기에 조성됐을 것으로 추정하고 있는 부도였다. 그러니까 용암사가 언제 어떻게 폐사됐는지는 알 수 없지만 적어도 조선 후기까지는 존재했을 가능성이 높다. 산세 때문인지 절터는 그리 넓어 보이지 않았다. 400여 평 정도라는 기록도 있으니 말이다.

용암사는 대체 어떤 절인가. 조선 후기 동국여지지(東國輿地誌)에 '용암사(龍嵒寺)는 월출산 구정봉 아래에 위치하며, 9층 부도가 있다'라고 기록돼 있다고 한다. 1985년에는 용암사라는 평와(平瓦)가 이 절터에서 발견되기도 했다. 문헌과 유물이 일치한 순간이었다. 마애불과 용암사지 삼층석탑이 고려 초의 것으로 추정됨에 따라 용암사도 그때 번창했을 가능성이 높다.

그런데 신라 말에 도선국사가 비보도량으로 호남에 삼암사(三岩寺)를 창건하였는데 영암 월출산의 용암사, 광양 백계산의 운암사, 순천 조계산의 선암사가 이에 해당한다는 기록도 있는 걸 보면 용암사는 단순한 사찰이 아니었을 거라는 생각이 든다.

폐사지 주변에 찬바람이 지나간다. 산새 몇 마리가 천 년 전 그 기왓장에 앉아 희미한 햇살을 쪼고 있다. 절터 동쪽 언덕의 삼층석탑에 구름 그림자가 내려와 있다. 보물 1283호인 '용암사지 삼층석탑'이다. 이 깊은 산중에 저토록 아름다운 걸작을 남긴 이는 또 누구일까.

스치는 바람에도 이끼가 끼었을까
퍼렇게 녹이 슨 시간의 잔뼈들이
폐사지 휩쓸고 가네 가다가 멈춰 서네

인적은 없어도 향기가 거기 있어
천 년 전 기왓장에 산새가 내려앉아
톡톡톡 독경을 외네 말씀을 줍고 있네

먼 산길 돌아서 온 탁발승의 몸짓일까
아슬아슬 벼랑에 몸을 기댄 저 석불
열린 듯 다문 입술에 염화미소 벙글겠네.

- 유헌 「용암사지에서」 전문

마애여래좌상 맞은편 언덕에는 '월출산 삼층석탑'이 서 있다. 마애불에서 직선거리로 150여 미터 정도나 될까. 이 석탑은 1.8m 정도의 자연 암반을 기단으로 삼고 있다는 것 자체부터가 특별했다. 그 탑에서 바라보는 마애불의 모습은 또 얼마나 신비로운가. 마애여래좌상을 건너다보며 경배하듯 서 있는 월출산 삼층석탑, 그 긴 세월 그들은 마주 보며 무슨 얘기를 나누고 있는 걸까.

삼층석탑 아래서 마애여래좌상을 건너다보며 삼배를 올렸다. 아침나절 경포대 계곡에서 만났던 보살님들의 말처럼 저 석불이 바로 절이다. 세상 그 어느 곳의 사찰보다 더 크고 넓은 절, 그 마애여래좌상이 나를 지긋이 바라보고 있다. 마애불에 삼배를 올리고 돌아서면서 '마애불 가는 길'이라는 제목의 시조 한 수를 지어 조용히 읊어본다.

산행 중 우연히 동행이 된 보살님들 새벽부터 채비하고 대구에서 오셨단다 월출산 마애석불을 찾아가는 길이란다. 험한 벼랑 왜 찾아가느냐고 물었더니 쑥물 든 바짓가랑이 낙엽 툭툭 털어내며 석불이 곧 절이란다 맘속에 불佛 있단다.

- 유헌 「마애불 가는 길」 전문

그랬다. 거기에 절이 있었다. 마애여래좌상이 있고 용암사가 있었다. 천 년 전으로 걸어 들어가니 내 맘속에도 그렇게 절 두 채가 지어졌다. 인적이 없어도 새들은 찾아온다. 시간의 뼈들이 켜켜이 쌓여가도 석공의 불심은 퍼렇게 살아있다. 그 산사에 소소리바람이 불고 있다. 천 년 전 풍경이 울고 있다.

백제여, 백제의 혼이여, 월남사지 삼층석탑이여

먹장구름이 몰려오고 있다. 사자봉이 사라지고 있다. 천둥소리가 급하게 경포대 계곡을 굴러 내려온다. 석공의 망치 소리가 빚어낸 돌들이 산산조각이 나뒹군다. 정지한 듯 한동안 침묵이 흘렀다. 노을처럼 물든 사내의 눈빛이 허공에 닿자 사라졌던 봉우리들이 나타난다. 모두가 순식간에 일어난 일이었다. 다시 월출산 천황봉 정상에 흰 구름이 걸리고 하늘은 퍼렇게 흘러가고 있었다.

천 년 전 그날을 나름 상상해봤다. 아마 그날은 천둥번개가 월남리 뒷산을 흔들고 폭풍우에 나뭇가지가 부러지고 빗물은 폭포수가 되어 마을 안길을 덮쳤을 것이다. 몇 안 되는 주민들은 두려움에 떨었을 것이다. 하늘을 쳐다보며 빌고 또 빌었을지도 모른다.

2016년 초여름, 나는 그 긴 세월 동안 온갖 풍상을 온몸으로 견디며 슬픔을 딛고 우뚝 솟은 전설의 월남사지 삼층 석탑을 찾아간다.

월남사지 삼층석탑은 13번 국도 찻길에서 비교적 가까운 거리에 있다. 월남 시외버스매표소에서 도보로 10여 분 거리에 있으니 말이다. 월남리에는 군내버스가 하루 6회 오가고 광주 방면의 시외 직행버스도 7회나 왕복하고 있다.

석탑으로 가는 길은 이미 여름이었다. 마을 입구 녹차밭의 찻잎들 더욱 짙어졌고 마늘종을 뽑는 아낙의 손길도 분주해 보였다. 668m의 사자봉과 744m의 향로봉을 좌우에 거느린 천황봉을 바라보며 걷는다. 전라남도교통연수원을 지나자 곧장 월남 마을회관이 나온다. 경포대 방향으로 100여 미터 더 걸으니 월남사지가 모습을 드러낸다.

월남사지란 월남사가 있었던 터다. 월남사는 고려 때 승려 진각국사 혜심이 창건했다고 전해진다. 그러나 최근 발굴 현장에서 백제와 통일신라 시대 유물까지 다양하게 출토되고 있어 월남사를 혜심이 중창했든지 아니면 백제 시대에 이미 사찰이 있었을 것이란 반론도 만만치 않다. 특히 백제 기와류는 6세기 후반에서 7세기 전반에 유행하던 양식이라고 하니까 월남사지의 역사 또한 1,500여 년 전으로 거슬러 올라간다고 할 수도 있겠다.

삼층석탑을 품었던 월남사는 언제 폐찰(廢刹)된 것일까. 정유재란 때 무위사를 제외하고 인근 사찰들이 다 불에 탔다고 『무위사 사적』에 기록돼 있다고는 하지만 조선 영조 때 신경준의 『가람고』에 월남사가 언급돼 있는 것으로 보아 조선 후기까지 어떤 형태로든 존재했을 가능성도 있어 보인다.

그 시대 월남사(月南寺)와는 규모 면에서 비할 바가 못 되겠지만 지금도 그 자리에 월남사라는 사찰이 있긴 하다. 절 입구에 들어서니 잘생긴 수문장 같은 삼층 석탑이 나를 맞는다. 고색창연하다는 말은 이런 월남사지 삼층석탑을 두고 한 말일까. 한눈에 봐도 긴 세월이 읽힌다. 그리고 잘 생겼다. 멋지게, 품위 있게 나이를 먹어 가고 있었다. 오랜 시간 바람에 깎이고 햇볕에 그을린 구릿빛 모습이 오히려 아름다워 보였다. 옥개석은 또 어떤가. 넓게 수평의 직선을 그리다가 끝에서 가볍게 들려 있다. 나는 이보다 더 아름답고 균형 잡힌 탑을 본 적이 없다.

월남사지 탑은 높이가 7.4m이니까 3층 석탑치고는 높은 편이다. 탑이 양옆 보다는 위아래로 많이 솟아 있다. 기단부 갑석 또한 위쪽의 옥개석보다 좁아 자칫 불안해

보일 수도 있지만 전혀 그렇지가 않았다. 탑신석의 비율 때문일 것이다. 위로 올라갈수록 일정 비율로 짧아지고 있기 때문이다. 지대석이 두꺼운 기단 하대석과 함께 대형 판석 하나로 이루어져 있어 안정감이 더 있어 보이는지도 모르겠다.

인근 무위사 삼층석탑은 신라계 탑으로 알려져 있다. 월남사지 석탑은 946년에 지어진 무위사 탑에 비해 기단부가 매우 좁다. 이처럼 두 탑은 거의 동시대에 조각됐을 것으로 추정되지만 모양은 확연히 다르다. 월남사지 탑은 백제 양식을 그대로 따르고 있기 때문이다. 기단 및 탑신의 각 층을 별도의 돌로 조성한 것이나 좁은 기단, 옥개받침 형식 등 백제계 석탑의 특징이 잘 나타나 있다는 것을 한눈에 봐도 알 수 있었다.

그런데 강진군 성전면 월남마을 이홍교 이장에 따르면 월남사지 삼층석탑 옆에 또 하나의 석탑이 있었다는 것이다. 이제는 모두 고인이 되었지만 월남마을에 대대로 살아온 나이 드신 분들이 그런 말을 했다는 것이다. 실제로 월남사지 인근 이범교씨 댁 장독대에 석탑의 지붕돌인 옥개석이 있었던 모양이다. 그 돌을 고물상이 수집해 가는 걸 마을 주민 이효근 씨가 목격하고 호통을 쳐 다시 되돌려 받았다고 한다. 그 옥개석은 지금 월남마을회관에서 보관하고 있었다. 특이한 것은 이 옥개석이 전형적인 신라 탑의 형태를 지니고 있다는 사실이다. 현재의 월남사 주지 법화 스님도 그런 말씀을 하셨다. 월남사지 삼층석탑에서 서쪽으로 10여 미터 지점에서 석탑의 기초부분으로 추정되는 탑 터를 유물 발굴 당시 발견했다는 것이다. 그렇다면 월남사 법당 앞에는 백제계 양식과 신라계 양식의 탑 두 개가 공존했다는 얘기가 된다. 조화와 화합의 상징으로 말이다.

월남사지 삼층석탑의 처음 명칭은 월남사지 모전 석탑이었다. 그러던 것이 2002년 문화재청에 의하여 '월남사지 삼층석탑'으로 변경되었다고 한다. 모전 석탑이란 바위를 벽돌처럼 깎아 만든 돌로 쌓아 올린 탑을 말한다. 그런데 내가 본 월남사지 석탑은 어디를 봐도 벽돌탑의 모습은 아니었다. 옥개받침도 1층과 2층은 3단, 3층은 2단으로 변화를 주고 있다. 옥개석을 받치고 있는 돌들도 특별했다. 무 자르듯 두 조각 혹은 네 조각으로 잘라낸 게 아니라 길게 혹은 짧게 층마다 돌의 길이와 개수를 달리하며 짜 맞추어 변화를 주고 있었다. 그런데도 천년을 떠받치고 있다니 놀라울 따름이다.

월남사지 삼층석탑은 정확히 언제 세워졌을까. 여러 발굴조사 결과 등을 종합해보면 월남사의 창건연대가 지금까지 알려진 고려 중기가 아닐 가능성이 높아졌다는 사실이다. 이미 백제 시대에 창건된 고찰일 가능성도 있다는 것이다. 그렇다면 월남사지 석탑이 세워진 연대도 6~7세기경으로 올라갈 수도 있지 않겠는가. 월남사 주지 법화 스님은 "문화재청에서 지금의 월남사를 해체하고 발굴에 들어가면 법당은 임시로 석탑 우측에 있는 큰 소나무 아래로 옮겨갈 것"이라고 말한다. 필자가 다시 찾은 6월 14일 실제로 월남사를 해체하는 포클레인 소리가 요란했다. 월남사지 만여 평 중 900여 평을 차지하고 있는 지금의 월남사가 월남사지의 중심권역임을 고려했을 때 발굴과정에서 천년의 비밀을 풀 열쇠가 나올지도 모르겠다, 내년쯤엔 문화재청에서 현재의 석탑 해체 보수 계획까지 있다고 하니까 이번 기회에 월남사와 월남사지 삼층 석탑에 대한 비밀의 문이 꼭 열렸으면 좋겠다.

삼층석탑은 보면 볼수록 신비했다. 나는 한동안 탑을 떠나지 못했다. 어디선가 전설 속 여인의 목소리가 들려올 것만 같았기 때문이다. '월남사 석탑을 조각하게 된 석공에게는 아름다운 부인이 있었다. 석공은 불사가 끝나기 전까지는 찾아오지 말라는 말을 부인에게 남기고 먼 길을 떠난다. 그런데 탑이 거의 완성될 즈음에 아내가 찾아와 남편의 이름을 부르고 만다. 석공이 고개를 돌리는 순간 하늘에서는 천둥 번개가 치고 폭우가 쏟아진다. 석탑은 산산조각이 나고 아내는 그만 돌로 변해버리고....' 석공은 돌이 된 부인을 끌어안고 월출산 천황봉을 바라보며 산짐승처럼 울부짖었을 것이다. 한참 후에 탑을 다시 쌓으려고 주위를 둘러보았으나 쓸 만한 돌이 없자 생각 끝에 돌로 변해 버린 아내를 쪼아 다시 탑을 완성했다고 한다. 월남사지 삼층석탑은 이처럼 슬프고도 안타까운 이야기를 가슴에 묻어 두고 있는 탑이다.

월남사지 삼층석탑에 좀 더 가까이 다가섰다. 바람이 지나간다. 탑의 틈새 어딘가에서 사랑하는 이를 부르는 소리가 들리는 듯하다. 석탑 앞의 비문을 가만히 읊조려 본다. '멀리서 바라볼 수밖에 없는 사람이 있다면, 그 사람의 이름을 조용히 입속에 되뇌며 석탑에 기원해 보길. 기다림은 더 아름답고 위대한 것을 남기는 법이다'

길손이여, 경포대 계곡도 좋고 10만 평 광활한 차밭도 좋지만, 이곳 삼층석탑에도 눈길 한번 주시라. 잠시 들러 역사의 숨결을 느껴 보시라. 폐사지(廢寺址)에 버려진 듯 서 있는 것도 서러운데 푸대접에 외면까지 받는다면 천 년을 버텨온 세월이 너무 억울하지 않겠는가. 그 긴 시간을 증언할 보물 298호 월남사지 석탑과 보물 313호 진각국사비가 바로 여기에 있다.

월남사지 석탑을 떠나기 전에 탑 주변을 다시 한 바퀴 돌아봤다. 석공은 죽어 자연의 일부가 되었지만 면면히 내려오는 백제의 정신은 또렷하게 남아 있었다. 시대가 바뀌고 이 땅의 주인도 바뀌었지만 백제인의 혼만은 월남사지 삼층 석탑을 떠나지 않고 있었다. 광야에 홀로 우뚝 선 의인처럼 이 땅 남도를 그렇게 지키고 있었다.

완향(玩香)의 미(美)를 찾아서

김영렬, 이제 역사가 되다

휘어진 돌담길을 따라간다. 완만한 비탈길을 오르고 있다. 문득 고개를 드니 나뭇잎 부딪히는 소리가 요란하다. 마치 비 오는 소리처럼 말이다. 울타리 안쪽의 오래된 은행나무가 나에게 인사말이라도 건네는 걸까. 잠시 고목을 올려다본다. 바람이 또 스치고 지나간다.

한여름 늦은 오후. 보은산 자락 금서당(琴書當) 가는 길은 호젓했다. 햇살도 희미했다. 그간 막연히 금서당이 어떤 화가와 관련된 집이라는 얘기를 들은 적은 있지만 직접 찾기는 이번이 처음이다.

영랑생가 돌담을 끼고 걷는다. 세계모란공원으로 가는 초입이기도 한 이 길을 조금 더 오르니 금서당으로 들어가는 돌계단이 나온다. 사람의 발길이 그리 닿지 않아서일까. 잡풀이 우거져 있다. 조금은 적막해 보인다.

강진 신교육의 발상지 금서당을 가다

조심스레 금서당 안으로 들어선다. 잔디가 깔린 넓은 마당 한 편의 표지판은 이곳이 금서당의 옛터임을 알려주고 있다. 금서당은 1905년 사립 금릉학교로 문을 열었다고 한다. 강진 교육의 역사가 시작된 곳인 셈이다. 전교생 200여 명이 1919년 4월 4일 독립 만세를 외쳤던 역사의 현장이라는 것도 오늘 이곳에서 처음 알았다. 아래쪽에 살았던 영랑도 6살 때 금서당에 입학해 1909년 4년제 강진공립보통학교를 졸업했다고 한다. 처음엔 사립이었지만 곧 공립 보통학교로 바뀌었나 보다. 그러고 보니 영랑 선생은 나의 초등학교 대선배님일 수도 있겠다는 생각이 들었다. 금서당은 나의 모교이기도 한 강진중앙초등학교의 전신이니까 말이다. 어디선가 거문고의 선율을 닮은 학동(學童)들의 글 읽는 소리가 들려올 것만 같다.

금서당 주변을 살펴봤다. 수목이 울창하다. 겨울 동백 산다화도 보이고 향나무도 여러 그루가 있었다. 바나나 나무에서는 바나나가 노랗게 익어가고 있다. 정원에 치자 향이 그윽하다.

산그늘이 내려앉은 금서당은 고즈넉했다. 좀 더 가까이 다가갔다. 경천숭지애인(敬天崇地愛人)이라는 멋스러운 현판이 눈에 들어온다. 하늘을 공경하고 땅을 숭상하며 사람을 사랑하라는 뜻일 게다. 한참을 물끄러미 쳐다보고 있는데 어디선가 인기척이 들렸다. 금서당 마당 한쪽에서 누군가 나를 부르고 있었다. 가까이 오라는 듯 손짓을 했다. 순간 조금 긴장이 됐다. 다가가서 인사를 드렸더니 의외로 친절하게 맞아 주신다. 금서당 주인 박영숙 여사님이셨다. 이른 저녁을 들고 계신 것 같았다. 2003년 완향 김영렬 선생이 작고하신 후 홀로 금서당을 지키고 있다고 하셨다. 그간 너무 외로우셨을까. 함께 간 김충경 시인과 수필가이신 김명희 강진군의회 부의장, 이래향 시인 등에게 지난 세월을 쏟아내셨다. 강진이 고향인 김충경 시인은 전라남도 문화예술과장과 전남문화예술재단 사무처장을 역임한 이력 때문인지 완향의 그림에 관심이 많았다.

금서당은 1950년 이후 완향 선생이 직접 사셨다고 했다. 그 당시 강진읍 목리에 사는 노부부의 대형 전신 초상화를 그려주고 논 한 마지기 값을 받아 그 돈으로 금서당을 장만하셨다는 것이다. 사진이 귀할 때라 가능한 일이었을까. 초상화 값도 놀랍지만 그걸로 이처럼 넓고 아름다운 집을 살 수 있었다는 사실도 신기했다. 처음 5칸 중 2칸은 헐리고 없었지만 원형을 그대로 살려 벽돌조의 건물을 이어 붙였다는 것이다. 그러고 보니 지붕이 서로 달랐다. 기와와 슬레이트로 말이다. 그런데도 묘한 조화를 이루고 있었다.

완향의 미(美)에 취하다

완향 선생은 1923년 강진에서 출생하셨다. 일본에서 그림 공부하던 시절과 장흥에서 교편을 잡던 몇 년을 제외하곤 고향 강진을 떠난 적이 없다고 하셨다. 60여 년의 긴 시간 동안 이곳 금서당에서 그림과 서예, 서각 등 예술 작업에 몰두하였다고 한다. 성요셉여자고등학교 미술 교사로서 후학을 양성하는데도 남다른 열정을 보였던 것으로 알려져 있다. 그래서 후대는 완향을 향토색 짙은 강진의 서정을 가장 잘 표현한 화가로 평가하고 있나 보다. 그만큼 완향은 고향을 사랑했고 강진의 산야를 즐겨 그렸다.

완향(玩香)이라는 그의 호가 의미하듯이 향기와 더불어 노는 선생의 금서당엔 어떤 그림들이 걸려 있을까. 갑자기 그게 궁금해졌다. 미망인인 박영숙 여사님께 조심스레 여쭤봤더니 선뜻 안내를 하시겠단다. 마당에서 금서당 현관으로 들어서려면 석등 옆 자그만 무지개다리를 건너야 한다. 홍교 아래로 물이 흐르고 금붕어들이 노닐고 있었다. 왼쪽에 완향 찻집이라는 서각이 걸려 있었지만 여사님께서는 찻집에 신경을 쓸 여유가 없다고 하셨다. 혼자서 이 넓은 정원과 집을 관리하는데도 버거워 보였다. 뒤쪽 별채에 보관돼 있는 작품들이 상할까 봐 날마다 높은 계단을 오르내리며 습기가 차지 않도록 문을 열어 환기를 시키고 있다고도 하셨다.

거실에는 그림들이 빼곡했다. 벽마다 강진의 풍경과 산야가 낯익은 모습으로 걸려있다. 〈구강포〉와 〈탐진 나루터〉 〈봉황마을〉 〈마량항〉 〈가우도〉를 배경으로 한 그림에는 남도의 갯내가 그대로 묻어 있다. 〈만덕산〉 〈도암석문〉 〈수인산〉 〈우두봉〉 등 강진의 산야는 또 어떤가. 꽃이 피고 낙엽이 지고 눈이 내리는 강진의 4계를 한눈에다 볼 수 있도록 화폭에 담아 두었다. 황소를 그릴 때도 고향 바다가 배경이고 심지어 누드화에도 강진의 풍경이 들어있다. 옆방으로 들어서니 누드화에 서예를 접목한 작품도 있다. 참으로 독특한 구상이었다. 쇄락청허(灑落清虛)라는 제목이 붙은 누드화의 주인공은 완향 선생의 제자라고 했다. 평소 선생을 존경해온 제자가 어느 날 스스로 모델 되기를 자처하며 스승의 작품으로 남기를 원하자, 선생은 순수한 그 마음에 화답이라도 하듯 12시간

동안 마음을 가다듬고 비운 후 작품을 시작했다고 한다. 스승과 제자의 아름다운 만남이 있었기에 후세에 길이 남을 명화의 탄생이 가능했을 것이다.

선생은 서예와 서각에까지 일가견이 있었다고 전해진다. 실제로 금서당 곳곳에 걸린 서각은 모두 선생의 작품이라고 한다. 그렇지만 완향은 무엇보다 고향을 사랑했다. 120호 대형 누드화 〈원죄〉 역시 강진의 바다 가우도를 배경으로 깔고 있었다. 다산초당도 화폭에 담았고 다산 선생의 진영(眞影)도 그렸다. 작품들을 둘러보면서 한마디로 완향은 강진의 어제를 세밀히 기록한 역사가라는 생각이 들었다. 그는 남달리 고향에 대한 집념이 강한 화가였던 것 같다. 강진의 구석구석을 찾아다니며 그린 작품들은 현장성이 매우 강하다는 평가를 받고 있다. 자동차를 개조해 현장에서 먹고 자며 그림을 그렸고, 그리다 만 그림은 다시 자동차에 싣고 가서 완성했다고 하니까 선생의 작품에서 현장을 떠난 덧칠은 찾아보기 힘들 것 같다는 생각이 들었다. 그 현장에는 어김없이 박영숙 여사가 있었다. 완향 선생 60년 그림 인생에서 박 여사는 그림자 내조를 해온 곳으로 알려져 있다. 늘 동고동락하며 풍경 속을 함께 누볐으니 말이다. 미술 평론가 김인환은 '완향의 작품세계는 담백하고 소박하다. 정일한 관조

와 다소 고전적인 격조, 차분한 듯하면서도 변화와 율동, 청아한 기품이 감돈다. 포근한 고향의 숨결을 느끼게 한다'고 평가한다. 서양화가인 완향의 작품에서 '동양적인 단순성과 함축미를 읽을 수 있다'고도 말한다.

문학, 음악, 미술의 삼각 문화벨트를 꿈꾸다

강진의 모습은 하루가 다르게 변하고 있다. 그러나 선생의 작품은 강진의 어제를 또렷하게 증언하고 있다. 문득 선생의 작품을 많은 사람에게 보여줬으면 좋겠다는 생각이 들었다. 강진을 찾는 많은 관광객에게도 강진의 갯가와 풍경을 자랑하고 싶어졌다. 날로 변하고 있는 강진의 옛 모습은 이랬었노라고 얘기하고 싶어졌다. 그러기 위해서는 이런 훌륭한 작품을 전시할 상설공간이 있어야 하지 않겠는가. 예향 전남에는 많은 미술관이 있다. 공립 7개소와 사립 18개소 등 모두 25개 미술관이 운영되고 있는 것으로 알고 있다. 가까운 보성에는 군립백민미술관이 있고 무안에는 오승우미술관, 영암에는 하정웅미술관, 함평에도 군립미술관이 있다. 전국 군 단위 문화지수 1위인 강진에도 이런 미술관 하나쯤 있었으면 좋겠다. 군립미술관을 건립하려면 많은 예산이 들어갈 것이다. 수익 구조를 따지는 사람도 있을 것이다. 그러나 당장 돈이 얼마 들어간다는 생각보다는 문화복지 차원으로 접근한다면 의외로 일이 쉽게 풀릴지도 모르겠다. 이곳 금서당 주변에 미술관이 들어선다면 강진은 명실공히 예술의 도시로 떳떳하게 이름을 올리게 될 것이다. 문학과 음악, 미술의 삼박자를 갖춘 예향 중의 예향으로 거듭날 것이다. 오감통 음악창작소와 영랑생가에다 군립완향미술관이 보태져 관광객들에게 고급 볼거리를 제공한다면 남도답사일번지 강진의 이름은 더욱 빛날 것이다. 세계모란공원 조성공사가 마무리되고 강진의 서정이 담긴 미술관까지 건립된다면 이곳 영랑생가를 중심으로 한 탑동 일대는 전국 어디에다 내놓아도 손색이 없을 고급 문화벨트가 형성될 것이다.

좁은 공간에 쟁여 놓듯 걸어두고 벽에 세워둔 250여 점 완향의 작품들을 보면서 한편으론 걱정이 앞섰다. 개인이 관리하기에는 한계가 있을 거란 생각이 들었기 때문이다. 언제쯤 빛을 볼 수 있을까. 강진의 옛 모습들이 다시 세상 밖으로 걸어 나와 조명을 받을 날은 언제쯤일까. 완향의 거실을 나오면서 조금은 마음이 무거웠다.

금서당 언덕에 서니 저 멀리 구강포구가 손에 잡힐 듯 다가온다. 강진만의 파도 소리가 철썩 처얼썩 들리는 듯

하다. 그 위로 조금 전 보았던 완향 선생의 1991년 작 구강조망(九江眺望)이 겹쳐 보인다. 그렇게 구강포구에 그리움 짙은 붉은 노을이 깔리고 있었다. 그림처럼 아름다운,

네카강변에서 세기의 사랑을 만나다

중세, 그 창연한 여정

네카 강가에 수양버들이 춤을 춘다. 4월의 봄 햇살은 강물에 부서지고 네카강은 그렇게 뭇사람들의 시선을 받으며 흐르고 있었다. 영화 '황태자의 첫사랑'의 배경이 됐던 네카강가에 앉아 동유럽 6개국 8박 9일의 지난 여정을 생각한다.

4월이 문을 열었다. 그러나 날씨는 차가웠다. 꽃샘바람이 거세게 몰아쳤고 강원 산간지역에 눈이 내릴 거라는 예보도 몸을 움츠리게 한다. 아내와 나는 최소한 3월은 넘기고 날씨가 조금 더 풀리는 4월을 D-day로 정하고 동유럽 여행을 준비했다. 드디어 4월, 하루가 지나고 이틀이 흐르고 봄기운이 퍼지기 시작한다. 우리가 떠나기로 한 4월 8일의 새벽이 다가왔다. 목포에서 새벽 2시 30분에 출발하는 인천공항행 고속버스에 몸을 실었다.

인천 국제공항, 미팅 장소에서 8박 9일을 함께 할 일행을 만났다. 눈에 띄게 여자들이 많다. 유난히 키가 크고 조금은 검게 그을린 가이드도 만났다. 가이드의 음성이 좋다. 어쩐지 믿음이 간다.

낮 12시 35분 항공기가 이륙한다. 첫 도착지인 독일 프랑크푸르트까지는 11시간이 걸릴 거라고 했다. 독일 현지와의 시차는 7시간이다. 그러니까 정확히 얘기하면 4월 9일 자정쯤 도착하겠지만 시차 때문에 현지 시간으로 오후 5시에 도착할 것이다. 가만히 앉아 7시간을 벌게 된 것이다.

잠시 잠을 잤다가 눈을 떴다. 7시간 20분이 지나고 있었다. 우리를 태운 항공기는 우랄산맥을 넘어가고 있다. 고도 11,582m, 시속 861km, 외부 온도 섭씨 영하 51도, 현재 시각 12시 55분. 7시간을 날아왔지만 시간은 인천공항 출발 당시로 돌아가 있다. 과거로의 여행이 시작된 것이다. 중세로의 나의 여정이 기다리고 있었다.

드디어 우리를 태운 국적기가 프랑크푸르트 암마인 국제공항에 착륙한다. 승객들이 술렁인다. 11시간의 비행 끝에 도착한 프랑크푸르트. 수년 전 서유럽을 여행하면서 거쳐 갔던 공항이기도 하다. 우리나라 여행객들에겐 친숙한 공항이다. 창밖으로 이국의 풍경이 지나간다. 회

색빛이다. 도시는 잿빛 하늘을 이고 있다.

입국심사를 받기 위해 항공기를 빠져나왔다. 가이드가 주의사항을 얘기한다. 일행이 서른 명을 넘다 보니 가이드 한 사람으로는 통제가 쉽지 않아 보인다.

세관 검사를 받으러 가기 전에 한쪽 구석에선 이미 자그만 소란이 일고 있었다. 인천공항 면세점에서 무슨 화장품을 다량 구입한 사람들이 있었는데 액체이다 보니 한도액을 초과하는 모양이다. 케이스를 모두 버리고 다시 짐을 꾸리느라 시간이 지체됐다. 모두 무사히 세관 검사대를 통과하나 싶었는데 또 문제가 생겼다. 일행 중 남자 4명이 있었는데 이들이 소주 2박스를 들여오다 적발된 것이다. 또 시간이 지나갔다. 결국 벌금 삼십 몇만 원인가를 물었다는 얘기를 들었다.

아웃토반을 달리다

공항 광장으로 나오니 버스가 기다리고 있다. 벤츠 리무진이다. 동유럽 8박 9일의 여정이 시작된 것이다. 시내를 벗어나자 독일의 고속도로 아웃토반으로 이어졌다. 길가엔 하얀 꽃들이 끝도 없이 피어 있다. 야트막한 산이 펼쳐졌고 독일 특유의 빨갛고 하얀 집들이 언덕 위 초원에서 우리를 반긴다. 산이 바다처럼 지평선을 이루고 있었다. 인상적이었다. 수평선으로 착각할 정도였다. 실제로 옆자리의 아내에게 저 멀리 보이는 게 바다인가 하고 물을 정도였다. 높은 산 깊은 계곡도 보기에 좋지만 끝없이 이어진 야산은 이국적인 정취를 느끼게 한다.

잘 생기고 말솜씨 좋은 가이드가 여행할 곳에 대한 사전 정보를 제공한다. 호텔 로비가 0층부터 시작하는 곳이 있는가 하면 엘리베이터에 손잡이가 달려 있어 들어가고 나올 때 열고 닫는 경우도 있을 거라고 했다.

실제로 프라하로 가기 전에 1박을 했던 브르노의 호텔이 그랬다. 체코 제2의 도시 브르노 시내가 한눈에 보이는 아름다운 언덕에 위치한 멋지고 운치 있는 호텔이었는데 엘리베이터에 손잡이가 있었다.

버스가 끝없는 푸른 목초지대를 지나간다. 아웃토반을 달리고 있지만 그저 내 눈에는 평범한 고속도로로 보였다. 가이드의 얘기가 계속된다. 톨게이트가 없으니 당연히 통행료도 받지 않는다고 했다. 승용차에 한해서만 속도제한이 없다고 했다. 허술하게까지 보인 중앙분리대는 신기술이 결합된 합금이라고 했다. 우리나라의 시멘트 중앙분리대와는 달리 충격 흡수력이 탁월한 특수합금이라는 것이다. 바닥도 그저 평범해 보였지만 물 빠짐 등을 고려해 안쪽에서 바깥쪽으로 약간 경사가 지게 설계돼 있다고 했다. 안전을 고려한 그들의 세심한 배려가 부럽기만 하다. 실용성을 강조한 유럽인들의 철학을 느낄 수 있었다.

프랑크푸르트에서 출발한 버스는 4시간 만에 독일 노들링겐에 도착했다. 노들링겐은 독일 남부 바이에른주 에게르 강변에 위치하고 있는 도시이다. 이미 주변은 어둠이 짙게 깔려 있었다.

그렇게 동유럽에서의 첫 밤을 보내고 아침을 맞았다. 노들링겐은 자그만 도시처럼 느껴졌다. 아침을 먹기 전에 산책에 나섰다. 길가 여기저기에 노오란 개나리가 피어있다. 산수유꽃들도 보인다. 우리와 계절은 같이 가고 있었다.

뮌헨과의 첫 만남

첫 여행지 뮌헨으로 출발한다. 우리에게는 올림픽 개최지로 친숙한 곳이다. 요즘은 맥주의 도시로 더 알려진 모양이다. 올림픽 스타디움을 왼편에 끼고 버스는 뮌헨 신시청사로 달린다. 해박한 지식과 특유의 알아듣기 쉬운 화법으로 가이드는 독일의 경제와 옥터버페스티벌에 대해 얘기한다. 독일 경제를 뒷받침하고 있는 자동차, 의약, 철강 산업에 대해 알기 쉽게 설명한다. 그러고 보니 우리나라 도로에선 가뭄에 콩 나듯 구경하는 벤츠, 아우디, BMW가 즐비하다.

가이드가 잠시 주변을 둘러보며 얘기를 이어간다. 일행 중 여자가 특별히 많은 것을 의식한 듯 우스갯소리를 들려준다. 요즘 여자들이 자기네들끼리 여행을 계획하고 집을 나서면서 남편에게 한다는 얘기가 배꼽을 잡게 했다. '까불지 마라' 하고 집을 나선다는 얘기였다. 그러면 아내가 떠난 후 남편은 입가에 미소를 머금고 '웃기지 마라' 이렇게 말을 한다고 했다. 가스 조심하고, 불조심하고, 지퍼 함부로 내리지 말고, 마누라만 생각하고, 라면 잘 챙겨 먹고 있으라는 얘기라고 했다. 남편이 하는 얘기는 더 재미있다. 웃음만 나온다, 기회는 이때다. 지퍼 내리고 올리는 것은 내 맘이다. 마누라는 생각도 안 난다. 라면은 충분하다. 부부간의 생각이 이렇게 다를 수 있을까. 그냥 우스갯소리이다.

어느덧 뮌헨 신 시청 청사 광장에 도착했다. 사람들이 무척 많다. 뮌헨 시내 중심부 마리엔 광장에 있는 신 시청사는 네오고딕 양식의 건물이다. 신시청이라는 이름을 보면 얼마 되지 않은 것 같지만 100년이 넘었고 실제 건물 모습은 수백 년 된 것처럼 보인다. 사암이라는 특별한 돌을 재료로 사용했기 때문에 첫눈엔 아주 오래된 듯 우중충해 보이고 달리 보면 역사와 전통을 간직한 로맨틱한 건축물 같다. 그곳에서는 100년이 넘었는데도 신건물로 생각하는 모양이다.

10시가 지나자 사람들이 광장으로 몰려든다. 무슨 큰일이라도 있는 것처럼 웅성대기 시작한다. 오전 11시가 되자 관광객들의 시선이 한곳으로 향한다. 시청사 건물 꼭대기 부분에서 사람 크기의 인형들이 나와 종소리에 맞춰 춤을 추기 시작한다. 함성이 터져 나왔고 카메라 셔터가 터지기 시작한다. 사람들의 관심과 시선을 모을 수 있는 퍼포먼스라는 생각이 들었다. 별거 아닌 것 같았지만 기발한 아이디어였다.

모차르트의 도시 잘츠부르크

여정은 이어진다. 차창 밖으로 끝없이 목초지대가 펼쳐지고 언덕마다 형형색색 아름다운 집들이 스쳐 간다. 독일과 오스트리아 접경 지역의 치암호수를 지나간다. 저토록 길고 아름다운 호수를 만날 수 있다는 건 행운이었다. 영화 〈사운드 오브 뮤직〉의 배경이 된 모차르트의 도시 잘츠부르크로 들어왔다. 뮌헨에서 대략 2시간 정도 걸린 것 같다.

가이드의 얘기가 계속된다. 잘츠부르크와 잘츠카머구트는 모차르트 한 사람이 먹여 살린다고 해도 지나친 표현이 아닐 거라는 생각이 들었다. 모차르트의 활동에 커다란 자극과 영향을 준 것은 그의 아버지의 배려로 서유럽을 거의 일주하다시피 한 여행이었던 것으로 알려져 있다. 모차르트는 독일과 오스트리아에서 서로 자기 나라 출신이라고 주장하고 히틀러는 서로 아니라고 우긴다고 들었다. 모차르트가 태어난 잘츠부르크가 한때는 독일의 바이에른주였기 때문이란다. 히틀러는 오스트리아에서 태어나 독일에서 활동했다고 한다. 새삼 문화의 힘을 느끼게 하는 얘기였다.

35세에 요절한 음악의 신동 볼프강 아마데우스 모차르트, 짧은 생애 최고의 영예를 가졌지만 말년의 죽음은 경제적으로도 궁핍했고 불행의 그림자가 드리워진 쓸쓸한 종말이었던 것으로 알려져 있다. 빈에서 세상을 떠났고 빈의 성 마르크스 묘지에 매장되었으나 유해가 묻힌 정확한 장소는 알 수 없다고 했다. 빈의 상징이자 혼이라고까지 일컬어지는 성 슈테판 성당에서 화려한 결혼식을 올렸고 같은 장소에서 초라한 장례식을 치렀다고 하니 아이러니가 아닐 수 없다.

모차르트의 외가가 있는 짤츠캄머긋으로 가는 버스 안에는 그의 명곡 〈피가로의 결혼 서곡〉이 흐르고 있었다. 그의 음악은 볼프강 호수에서 유람선을 타고 그의 외가가 있는 볼프강 마을을 찾아가는 선내에서도 들을 수 있었다. 유람선에선 짤츠캄머긋과 모차르트에 대한 우리말 해설을 들을 수 있었다. 조금은 어설펐지만 우리말이어서 좋았다. 현지 교민 아주머니의 음성이라고 했다.

호숫가로 샹트 볼프강 동네가 보인다. 이국적인 멋의 최고라는 표현을 쓰고 싶을 정도로 아름다웠다. 사실 잘츠카머구트는 풍광 좋기로 유명한 오스트리아에서도 최고라고 하니까 더 이상 설명이 필요 없을 것 같다.

잘츠부르크 시내로 돌아와 영화 〈사운드 오브 뮤직〉의 무대가 됐던 미라벨 궁전을 찾았다. 마리아 선생과 아이들이 뛰어놀던 계단에 앉아 포즈도 취해봤다. 궁전엔 노랗고 빨갛고 하얀 꽃들이 모양을 내고 있었다.

주변의 교회에서 종소리가 들려온다. 종소리도 음악으로 나온다. 그 종소리를 듣기 위해 카페에서 1~2시간씩 기다리는 사람들도 있다고 하니 과연 음악의 도시답다.

모차르트의 생가는 잘츠부르크 시내 잘차강 건너에 있다. 강가에서 바라보이는 호엔잘츠부르크 성의 모습은 그림보다 아름답다.

빈의 커피 향처럼

이제 오스트리아의 수도 빈으로 이동한다. 가이드의 얘기가 계속된다. 중절모와 하이힐, 가발의 유래 등에 대해 들려줬다. 그 시작이 재미있다. 수년 전 오스트리아 인스브루크를 여행한 적이 있었는데 그때 합스부르크 왕가에 대한 얘기를 귀가 아프도록 들었는데 이번에도 마찬가지였다.

합스부르크 왕가는 결혼정책으로 국토를 넓혀 나갔는데 근친결혼 결과 대머리가 나왔고 주걱턱이 생겼다고 한다. 그래서 가발을 쓰게 됐고 턱수염을 기르게 됐다는 얘기였다. 중절모와 하이힐에 대한 유래도 재미있다. 당시 귀족 사회에서 주인의 소변 등을 모아 하인이 위층에서 버리곤 했었는데 이런 오물 등을 맞지 않기 위해 중절모를 쓰게 됐고 이를 밟지 않기 위해 하이힐을 신게 되었다고 했다.

합스부르크 마리아 테레지아 여제에 대한 얘기는 빈의 쇤 부른 궁전으로 가는 길 내내 이어졌다. 마리아 테레지아는 첫사랑인 프란츠 슈테판과 당시로써는 매우 드물었던 연애 결혼에 성공하였으며 남편이 죽은 후 자신이 뒤따라 죽을 때까지 15년간 상복을 벗지 않았다고 전해진다. 왕가의 여름별장으로 지어졌다는 센 부른 궁전은 화려함의 극치였고 사랑하는 남편과 사별하고 쓸쓸하게 여생을 보낸 합스부르크 최고의 권력자 마리아테레지아의 아픔도 함께 느낄 수 있는 곳이었다.

빈에서는 마리아테레지아 광장, 모차르트의 결혼식과 장례식이 열렸던 성 슈테판 성당 등 시내 곳곳을 둘러봤다. 아이쇼핑도 했고 거리의 카페에서 아내와 함께 커피향에 젖어보는 여유도 가졌다. 그곳에서 비엔나커피를 주문하면 통하지 않는다. 사전 가이드에게 들은 대로 아인슈패너 했더니 두 잔을 가져다줬다.

저녁 식사는 베토벤 마을을 지나 그린칭마을에서 했다. 식당 이전부터 움막을 짓고 포도주를 판매해왔다는 그린칭 식당의 역사성이 놀라웠다. 포도주 몇 잔에 취기가 올라왔고 전속 실내악단의 아리랑 연주에 고향을 생각했다. 그렇게 빈의 밤은 깊어갔다.

불과 물의 도시 부다페스트로

빈의 아침이 밝았다. 이제는 동유럽의 파리라고 하는

헝가리 부다페스트로 가게 된다. 빈에서 부다페스트까지는 4시간이 걸릴 거라고 했다. 가이드가 여행의 피로를 풀어줄 겸 또 한마디 한다. 버스 안의 쓰레기에 대한 얘기였다. 중국 사람들은 여행 중에 견과류 등을 많이 먹기 때문에 버스 안에 쓰레기를 가장 많이 남기고 일본사람들은 상대적으로 적게 남긴다고 했다. 한국 사람들은 아예 없다고 했다. 모두가 의아해했다. 그런데 차에서 내리고 나면 한국 사람들이 탔던 자리에서 쓰레기가 가장 많이 나온다는 우스갯소리였다. 눈에 띄지 않도록 숨겨 놓기 때문이란다. 그냥 웃어 넘길만한 얘기는 아닌 것 같다.

빈에서 부다페스트까지는 4시간이 걸렸다. 부다에 도착하니 계절은 여름으로 변해 있었다. 현지 가이드는 반소매 옷에 땀을 흘리고 있었다. 시내로 들어가자 중세의 고딕 건물이 즐비했고 조금은 칙칙한 느낌을 주었다. 건물에 스프레이 낙서는 왜 그리 많은지. 부다와 페스트로 이뤄진 도시, 불과 물의 도시라고 했다. 헝가리는 우리와 유사한 점이 많았다. 유럽에서 유일하게 이름 앞에 성을 쓰고 몽고점이 있으며 아들을 낳으면 고추를 걸어 둔다고 했다. 마늘과 양파를 좋아하고 우리말처럼 헝가리어는 목으로 발성을 한다고 했다. 우리나라 사람들이 가마를 타던 시절인 1896년 세계에서 2번째로 지하철이 개통

된 나라이기도 하다. 어부의 요새에 올라 거리의 화가에게 유화 소품 한 점을 사고 그와 기념촬영도 했다.

헝가리 하면 그래도 다뉴브강이 먼저 떠오른다. 요한 슈트라우스의 '아름답고 푸른 도나우강'을 보고 싶은 것이다. 부다페스트에서 영웅광장과 세계문화유산으로 지정된 언드라시 거리를 거쳐 어부의 요새, 마챠시 교회, 왕궁을 둘러봤다. 왕궁 옆엔 대통령 궁이 있었는데 경비병 혼자서 너무나 한가롭고 자유롭게 경비를 서고 있었다. 관광객들은 건물 앞으로 자유롭게 왕래를 하고 있었다. 헝가리에서 대통령은 외교 등 상징적인 역할만을 하고 있다고 했다.

왕궁의 언덕에서 내려다보이는 다뉴브강이 아름답다. 노랫말처럼 맑고 푸른 강물은 아니었지만 강가의 국회의사당과 아름다운 조화를 이루고 있다. 1849년에 개통됐다는 체인 브릿지, 일명 사자다리의 모습도 눈에 들어온다. KAL기 폭파범 김현희가 결행(?)을 하기 전 3일 동안 부다페스트에 머무는 동안 체인 브릿지를 거닐면서 고민을 했다는 다리로 알려져 있기도 하다.

이제 다뉴브강 크루즈에 나섰다. 독일에서 발원해 8개국 3개 수도를 거쳐 2,400km를 흘러 흑해로 합류한다는 다뉴브강, 현지 헝가리 표현으로는 체코어인 도나우이고 영어식 표현이 다뉴브이다. 4월의 싱그러운 햇살이 쏟아지는 유람선에 올라 도나우강에 부서지는 물보라를 바라본다. 멋진 고딕 건물들이 강가에 스쳐 간다. 19세 말 지어진 도나우강변 최고의 걸작 국회의사당이 위용을 자랑한다. 런던 템즈강변의 영국 국회의사당이 떠오른다. 멋지고 아름답다. 저곳에선 최소한 선량들의 몸싸움은 일어나지 않겠지. 요한 슈트라우스의 '아름답고 푸른 도나우강'이 봄바람에 실려 유람선 강가에 부서진다. 헝가리에서의 하룻밤은 다뉴브강 상류에 자리한 하얀 집 Romai 호텔에서 묵었다.

다뉴브강의 새벽이 밝았다. 아내와 나는 한적한 강가 오솔길을 산책했다. 가끔 조깅을 하는 현지인들을 만날 수 있었다. 커다란 개와 함께 산책을 하는 여성들도 볼 수 있었다. 인사말을 건네봤지만 밝고 상냥한 모습은 기대할 수 없었다. 어색한 표정에 의례적인 대꾸뿐이었다. 오랜 세월 사회주의 국가 체제의 획일성에 굳어버린 그들의 과거와 현재가 안타깝다.

동유럽의 알프스 타트라산맥을 넘어

여행 닷새째, 동유럽의 알프스라 불리는 타트라산맥을

거쳐 폴란드의 옛 수도 크라쿠프를 찾아간다. 버스가 슬로바키아 시골길을 달려간다. 국경을 통과하는 대장정이었지만 고속도로는 아니었다. 더 운치가 있고 볼거리가 많아 다행이라는 생각을 해 본다. 언덕 위엔 하얗고 노란 꽃들이 흐드러지게 피어 있고 동화 속에나 나올법한 작은 집들이 봄꽃과 어우러져 있었다. 체코는 공업을 선택했고 슬로바키아는 농업 위주의 정책을 펼쳐 두 나라 간 빈부의 차이가 난다고 했다.

3시간을 달려 타트라에 도착했고 다시 4시간을 더 달려 폴란드 크라쿠프에 당도했다. 크라쿠프 날씨가 쌀쌀하다. 세계문화유산으로 지정된 소금 광산을 관광할 예정이었으나 부활절 공휴일과 겹쳐 일정이 시내 관광으로 바뀌었다. 500년 동안 폴란드 왕이 거처했다는 바벨 성은 비스와강가에서 바라보는 것만으로 만족해야 했다.

유럽광장 가운데 규모가 가장 크다는 중앙광장에 찬바람이 지나간다. 회색빛에 날씨까지 쌀쌀해 조금은 우울한 분위기이다. 마리아 성당을 둘러보며 추위를 달랬고 휴식도 취했다. 마침 중앙광장에 재래시장이 개설돼 이국의 풍물을 접할 기회가 있었다. 사람 사는 동네는 마찬가지인 모양이다. 먹거리 볼거리가 풍성하다. 안쪽은 붉은 주칠로 아름다움을 강조했고 바깥쪽은 직접 손으로

빛은 듯한 좀 특별한 도자기 접시 2점을 샀다. 값을 흥정해 조금 깎았는데 아내가 무척 맘에 들어 한다.

제2차 세계대전 유대인 수용소로 사용된 아우슈비츠도 둘러봤다. 당시 이유도 모른 채 끌려와 죽어간 수많은 사람이 남긴 유품들이 눈물 나게 했다. 실제로 관광객 중에는 소리 없이 울먹이는 사람들도 있었다. 수도 셀 수 없이 많은 안경과 신발, 가방, 심지어 장애인이 사용했을 의족까지. 나치스는 이곳에서 250만에서 400만 명의 유대인을 살해했다고 전해진다. 새삼 전쟁의 비극과 나치의 잔혹성에 가슴이 아려온다.

크라쿠프에서 하룻밤을 보낸 후 세계문화유산 1호로 지정된 소금 광산을 찾았다. 소금 광산은 9개 층으로 나뉘어 여러 갈래로 갈라져 있고 갱도 깊이가 약 3천 미터, 총길이가 300km나 된다고 했다. 현장 가이드의 안내로 미로 속을 둘러봤다. 나무 계단을 걸어서 한참을 내려갔고 덜거덕거리는 엘리베이터를 타고 올라왔다.

내려가는 깨끗한 나무 계단 기둥에 우리말 낙서가 보인다. 모월 모일 누구 다녀갔노라고. 우리보다 며칠 전에 다녀간 관광객의 소행으로 보였다. 한글이라는 게 얼굴을 화끈거리게 한다. 그렇지만 말로만 듣던 암염 채굴 현장에서 그들 광산 노동자의 애환도 함께 느낀 시간이었다.

프라하의 연인을 만나다

이제 체코의 수도 프라하로 향한다. 크라쿠프에서 프라하까지는 6시간 30분이 걸리는데 중간에 체코 제2의 도시인 브르노에서 1박을 했다.

호텔은 브르노 시내가 한눈에 내려다보이는 언덕에 있었다. 현대식 호텔인데 엘리베이터에는 손잡이가 달려있다. 당기고 들어가고 밀고 나온다. 전통을 고수하는 그들의 삶이 특별하다. 모두 신기해했다. 불편함보다는 이색체험을 즐기는 것 같았다. 엘리베이터 앞에서 버튼을 누르고 서 있다 문이 열리면 탔던 습관 때문인지 모두 다 그대로 문이 열리기만을 마냥 기다리고 있다가 일행 중 누군가가 얘기하면 한바탕 웃고 나서 타곤 했다. 내릴 때도 마찬가지였다. 도착해서도 엘리베이터 안에 한참을 그대로 있곤 했다. 문을 밀고 나와야 한다는 게 익숙지 않아 그대로 서 있기 일쑤였다. 습관이라는 게 그만큼 무서웠다.

프라하는 브르노에서 2시간 반 정도의 거리에 있다. 체코 중앙역 앞에서 현지 가이드를 만났다. 중앙역은 장거리 기차의 발차역이라고 하는데 머지않아 철거될 거라고 했다. 유럽의 심장이자 중세건축의 박물관이라고 하는 프라하에서는 '프라하의 봄'과 '프라하의 연인'을 만나고 스메타나의 '몰다우'를 듣게 될 것이다.

영화 '프라하의 봄'은 백탑의 도시 프라하를 중심으로 보헤미아 온천지방 등을 배경으로 펼쳐진다. 미로가 연상될 만큼 얽히고설킨 프라하의 복잡한 골목들은 인간 내면에 존재하는 갈망과 욕구가 체코 자유화운동이라는 역사적 사건과 엉키며 영화의 상징으로 전개된다.

프라하의 거리에서 영화나 국내 모 방송사가 제작한 드라마 '프라하의 연인' 촬영 현장 들을 찾기란 그리 어렵지 않았다. 구시가지와 몰다우강의 카를교, 프라하성, 1968년 대규모 민주화 시위가 열린 바츨라프 광장과 무스테크 거리를 찾아 영화 속 주인공이 되는 상상을 해보기도 하였다.

체코의 민족 음악가 스메타나의 '몰다우'가 프라하 곳곳에서 들리는 듯했다. 교향시 '몰다우'는 몰다우강의 흐름에 따라 펼쳐지는 조국 체코의 아름다운 정경을 다양한 음색과 풍부한 음향의 관현악으로 표현한 곡이라고 했다.

프라하성 근방의 성 비투성 대성당 입구의 우리말도 눈에 띈다. 성당 이름 표기에 한글이 가장 먼저 올라와 있었고 다음으로 중국어와 일본어 표기가 있었다. 얼마 전에 순서가 바뀌었다고 한다. 관광객 수와 양국 간의 우호 관계 등이 영향을 미치지 않았을까? 구 시청 청사의 천문시계를 둘러본 후 틴교회 광장 등 구시가지 곳곳을 누비며 자그만 소품을 사는 재미도 쏠쏠했다.

특히 천문시계 주변은 많은 관광객으로 붐비고 있었다. 매시 정각이 되면 시계 위쪽에 있는 천사의 조각상 양옆의 창문이 열리며 죽음의 신이 울리는 종소리와 함께 그리스도의 열두 제자가 창 안쪽으로 천천히 나타났다가 사라진다. 그리고 시계의 위쪽에 있는 황금 닭이 울면서 창문은 닫힌다. 많은 사람은 이 모습을 보기 위해 모여 있다가 조금은 허탈한 표정으로 그곳을 떠나간다. 그렇지만 그 광경은 꼭 봐야 할 관광코스로 자리매김해 있으니 어쩌랴. 이 천문시계는 1490년 한 시계 장인에 의해 개조되었는데 너무나 아름다운 이 시계를 두 번 다시 만들지 못하도록 프라하 시청에서 이 시계 장인의 두 눈을 멀게 하였다고 한다. 그 후 이 시계는 400년 동안 멈춰버렸다는 슬픈 얘기가 전해 내려오고 있다. 그런데 다시 1860년부터 매시 정각 하루도 쉬지 않고 열두 제자의 인형이 많은 사람 앞에 모습을 나타내고 있다고 한다.

몰다우강 강가에서의 프라하성 야경도 잠시, 독일 하이델베르크를 향해 밤길을 재촉해 마지막 밤을 보내게 될 독일 남부 베이던에 도착했다. 프라하에서 베이던까지는 2시간 정도가 소요되었다. 이제 내일이면 모든 여정이 끝나고 인천발 항공기에 몸을 싣게 될 것이다.

베이던의 아침이 밝았다. 여느 때처럼 아침 산책에 나섰는데 공기가 참 상쾌하다. 호텔 뒤 언덕으로 발길을 옮겼다. 시골길 보도블록이 아름답다. 시멘트가 아닌 색깔 있는 작은 돌 벽돌을 이용해 맵시를 내고 있어 보는 이의 마음이 흐뭇하다. 선진국은 뭐가 달라도 다르구나 하는 생각을 해 봤다.

네카강변에서 세기의 사랑을 생각하다

하이델베르크까지는 3시간 정도가 소요될 것 같다. 다시 독일 땅에 들어서니 끝없는 초원이 이어지고 집들이 아름답다. 친절하고 목청 좋은 가이드 신상진 씨와도 헤어질 시간이 다가온다. 동서고금을 넘나드는 해박한 지식과 알아듣기 편한 말투, 여행객에 대한 세심한 배려 등은 단연 돋보였다.

그가 부담 없는 이야기로 지친 여정을 달래준다. 유럽 3대 썰렁 관광지를 묻는 질문이었던 것 같다. 독일의 로렐라이 언덕, 벨기에 오줌싸개 동상, 스웨덴 스톡홀름의 인어아가씨 상이라던가. 해외여행을 참 많이 했다고 하는 나로서도 세 곳은 가본 적이 없어 그나마 다행이라는 생각을 해봤다.

우리가 찾아가는 하이델베르크 등 유럽의 지명에 나타나는 베르크, 부르크는 산, 다리, 도시 등을 의미한다고 했다. 하이델베르크는 산을 뜻한다고 할 수 있지 않을까? 수년 전 서유럽 여행 중 마지막에 이곳을 거쳐 갔는데 하이델베르크 고성에 대한 인상이 지금도 깊게 남아 있다.

독일 로맨틱 가도에 접한 하이델베르크, 지금 그곳에 다시 도착한 것이다. 너무나 아름다워 2차 세계대전 중에도 폭격을 피할 수 있었다는 하이델베르크 시내를 라인강의 지류인 네카강이 흐르고 있다. 구시가는 네카강과 고성의 산기슭에 가늘고 길게 퍼져 있었다.

1900년대 초 '황태자의 첫사랑'의 무대가 됐던 하이델베르크. 애절한 '황태자의 첫사랑'이 세기를 넘어 다가온다.

"엄격한 궁전에서만 성장했던 황태자 칼이 처음으로 왕궁을 벗어나 하이델베르크대학에서 더 깊은 공부를 하기 위해 시종과 함께 하숙집 숙소에 도착하면서 영화는 시작된다. 시종의 부주의로 신분에 맞지 않는 숙소에 우여곡절 끝에 도착한 황태자는 하녀로 일하는 여주인의 친척뻘 되는 케티를 보는 순간 가슴이 뛰기 시작한다. 그 후, 칼은 왕위계승을 위해 왕궁으로 들어가야 할 시간이 온다. 이미 그에게는 옛날 어렸을 때부터 정혼이 약속된 공주도 있었다. 황태자 칼과 케티는 이제 어쩔 수 없이 헤어질 상황에 처한다. 두번 다시 만날 수 없는 운명이지만 영원히 잊지 말자고 황태자와 케티는 굳은 약속을 한다."

한 세기 전 그리움을 뒤로하고 헤어졌던 그들의 모습을 생각한다. 황태자와 케티의 사랑이 무르익었던 술집 '붉은 황소'에서 골목길 너머 까지 그때의 환희와 환호가 들리는 듯하다.

네카강의 카를 테오도어 다리에서 고성을 바라본다. 봄 햇살이 쏟아진다. 고성을 향해 비탈길을 올라갔다. 돌길 언덕을 따라 신록이 무성하다. 저 밑 강가의 집들이 그림 같다. 고성 입구 여기저기 수리에 들어간 모습이 예전과 다르다. 구석구석을 둘러보고 세계 최대라고 하는 와인 저장통 앞에서 기념 촬영도 했다. 예전의 감동 이상을 느끼지는 못했지만 다시 찾은 하이델베르크. 고풍스러운 아름다움만은 여전하다. 네카강 옛 다리 건너 철학자의 길에도 변함없이 세월을 넘어 사색의 시간이 흐르고 있을 것이다.

중세로의 시간 여행, 길 위에서 길을 묻다

스페인 포르투갈 모로코 후다닥 둘러보기

몇 차례 자다 깨기를 반복한 후 눈을 떴다. 창가에 앉은 아내가 창문을 살짝 밀어 올리자 주홍빛 햇살이 훅 덮치듯 빨려 들어왔다. 어느새 창밖 구름 아래로 빨갛게 동이 터 오고 있었던 것이다. 어둠을 털어낸 은빛 날개는 그렇게 가슴을 붉게 물들이며 페르시아만 상공을 날고 있다.

카타르 항공의 실내 수상기 화면은 우리가 페르시아만 상공을 날고 있음을 표시하고 있다. 인천국제공항을 이륙해 9시간 20분을 날아 우리 시간으로 오전 10시 40분, 도하 현지 시각으로는 시간이 멈춰 버린 듯 새벽 4시 40분을 가리키고 있었다.

도하 국제공항은 복잡했다. 일정표상으로는 이곳에서 2시간 정도의 여유 시간이 있는 것으로 돼 있었지만 현지 사정은 달랐다. 입국장에서 환승장까지 가는 길이 간

단치가 않았다. 일행은 행여 길을 놓칠세라 인솔자 뒤를 졸졸 따라서 미로 같은 길을 오르내려야만 했다. 20여 분을 걸어 도착한 출국장. 면세점 등을 둘러볼 시간적 여유가 없어 보딩 타임을 기다리며 주변을 맴돌았다. 공항 안 기도실을 화장실로 잘못 알고 들어가는 해프닝을 몸으로 체험하며 마드리드행 비행기를 기다렸다.

열정의 나라 스페인, 그 심장부에 첫발을 딛다

6월 26일 오후 4시 45분, 스페인 마드리드 바라하스 국제공항에 도착했다. 도하 공항을 출발한 지 7시간 30분 만이다. 하얗게 또는 잿빛으로 하늘을 잔뜩 덮고 있는 구름이 땅끝까지 이어져 있다. 가이드가 마이크를 잡는다. 호리호리한 모습이다. 유럽 남부 이베리아반도에 자리한 스페인은 지평선의 나라라고 소개한다. 스페인을 찾는 관광객은 연간 7천만 명에 이르고 관광 수입은 미국에 이어 세계 2위란다. 의외였다. 날고뛰는 유럽 여러 나라 중에서도 1위가 되는데 그게 다 숙박 수입 때문이라고 했다. 머무르는 나라, 머무를 수밖에 없는 나라 그 스페인 일주를 시작한다.

일행이 서로 인사를 나눌 틈도 없이 찾아간 곳은 마드

리드 시내에 있는 프라도 국립미술관. 실내에서는 사진 촬영이 금지돼 있어 눈으로 담아야 하는 불편이 따랐다. 자동차 안에서 가이드의 설명이 있어 어느 정도의 예비 지식은 갖고 들어갔지만 현장에 도착해 보니 전시작품이 워낙 많고 관람자들도 많아 처음부터 정신이 없었다.

세계 3대 미술관이라는 명성을 갖고 있는 그곳은 12세기 로마네스크 벽화에서부터 19세기 고야의 작품까지 연대순으로 전시되어 있었는데, 벨라스케스, 고야, 엘 그레코, 보쉬, 루벤스, 라파엘, 보티첼리, 렘브란트 등 교과서에서 익히 보았던 저명 화가들의 작품들을 눈앞에서 만날 수 있었다.

그중에서도 보쉬와 벨라스케스, 고야의 그림 앞에서 가이드는 더 많은 시간을 할애한다. 세계적인 화가의 주요 작품을 한 미술관이 갖고 있는 경우는 매우 드문데, 프라도미술관에서는 벨라스케스의 주요 작품 대부분을 소장하고 있다고 했다.

17세기 스페인 궁정화가로 명성과 특권을 누렸던 벨라스케스의 대표 작품인 〈시녀들〉은 볼수록 재미있는 그림이었다. 그림 속 시선들을 오묘하게 결합하고 다양한 색채와 명암을 이용해 각자의 관점을 섬세하게 표현하고 있는 것으로 평가받고 있어 공간구성의 극치라는 평가를 받고 있다고 가이드는 설명했다.

고야의 〈카를로스 4세 가족〉도 관심 있게 보긴 했지만 가장 애깃거리를 가진 작품으로는 〈옷 입은 마하〉와 〈옷 벗은 마하〉 연작이었다. 똑같은 자세의 여인을 그린 이 두 점의 그림 속 주인공은 이미 고야가 여러 번 초상화를 그렸던 앨버 공작부인이라는 주장과 당시 스페인의 실질적인 최고 권력자 고도이의 정부라는 설이 있는데, 손님이 올 때는 〈옷 입은 마야〉를, 혼자 있을 때는 〈옷 벗은 마야〉를 자신의 집무실에 걸어두고 감상했다고 한다. 그러나 고야의 연인이라는 주장도 있어 회자되는 여러 얘기들의 사실 여부를 확인할 길은 없다.

네덜란드관에서 만난 보쉬의 〈쾌락의 정원〉 역시 참 특별한 그림이라는 생각이 들었다. 서양 미술사에서 가장 수수께끼 같은 화가로 알려진 보쉬는 5세기 전의 르네상스 시대 화가임에도 불구하고 그 상상력과 표현력은 20세기 초현실주의 화가들과 비교해도 전혀 손색이 없을 정도라고 한다.

길이가 4m이고 높이가 2.2m에 달하는 3편의 패널화로 이루어진 〈쾌락의 정원〉은 종류를 알 수 없는 새의 모양을 한 괴물이 머리에 주전자를 뒤집어쓴 채 앉아서 벌거벗은 인간을 반쯤 삼키고, 이 괴물에 잡아먹히고 있는 인간의 엉덩이에서는 끔찍하게도 새들이 연속적으로 나오고 있는 등 그림 전체가 기이하고 파격적이었다.

그림 속에는 수많은 인간 군상들과 이름을 알 수 없는 동식물, 세상의 온갖 피조물이 혼재해 등장하는 등 헤아릴 수 없는 이야기가 숨어 있었다.

왼쪽 제단화의 천국을 주제로 한 그림 속의 한 부분 역시 우리가 매혹적인 정원으로만 알고 있는 천국에 대한 성경의 이미지를 아주 새로운 모습으로 표현하고 있었다. 풍성한 과실나무가 있는 전통적인 에덴과는 달리 파스텔톤의 색채로 된 이상한 바위 봉우리를 표현하는 등 우리의 상식을 뛰어넘고 있었다.

그래서 〈쾌락의 정원〉은 보쉬의 작품 중에서 가장 불가사의하고 서양 미술사에서 가장 많이 연구되고 다양하게 해석되는 작품들이고, 미국의 조지 루카스 감독 역시 이 그림에서 영감을 얻어 〈스타워즈〉를 제작한 것으로 알려져 있다.

그림 감상에 조금 관심이 있어 유심히 보고 가이드의 설명도 열심히 들었지만 워낙 많은 작품을 짧은 시간에 보았기 때문에 솔직히 남아 있는 거는 별로 없다. 그냥 그런 그림들을 직접 보았다 정도 밖에 되지 않아 아쉬움이 남는 미술관 여행이었다.

중세로의 시간 여행을 떠나다

스페인에서의 첫 밤을 마드리드 근교의 호텔에서 보내고 이제 본격적으로 스페인 일주에 나섰다. 오늘은 스페인의 옛 수도이기도 했던 톨레도와 소설 돈키호테의 배경이 됐던 콘수에그라를 둘러보고 다시 마드리드로 돌아오는 일정이다.

전날 17시간 이상 비행기를 탔고 시차에 적응하기도 전에 강행군을 했던 거에 비하면 오늘은 조금은 여유가 있을 거란 생각이 들었다.

아침을 먹고 느긋하게 호텔을 출발한 리무진은 중세를 향해 달리기 시작한다. 날씨는 청명했고 플라타너스 가로수 잎들은 내 마음처럼 가볍게 춤을 춘다. 가이드의 얘기가 계속된다. 한때 국민의 75%가 귀족이었던 나라 스페인, 요즘 관광객이 폭증해 대사님만 빼고 스페인 교민 모두가 가이드로 나설 정도로 바쁘단다. 스페인으로 유학 온 지 한 달도 안 된 유학생까지 가이드로 나설 정도라고 하니까 요즘 우리나라 사람들의 스페인 사랑이 어느 정도인지 짐작하고도 남음이 있었다. 나는 '꽃보다 할배'라는 TV 프로그램을 본 적이 없어 모르고 있었는데 그 영향 때문이란다.

버스 안 가득 그레고리오 성가가 흐른다. 이국의 풍경도 차창 너머로 함께 흐르고 있다. 톨레도는 마드리드에서 남쪽으로 70km 지점에 있는 스페인 중부도시이다. 스페인의 옛 수도이기도 했던 톨레도는 도시 전체가 세계문화유산으로 지정된 도시이다. 우리에게 친숙한 바흐의 'G 선상의 아리아'가 끝나갈 때쯤 해서 톨레도에 입성했다. 마드리드를 출발한 지 50여 분 만이다.

톨레도 대성당으로 오르는 길이 예전과 달라졌다. 99년도에 스페인, 그리스, 터키, 이집트 등 지중해 4개국을 여행한 적이 있어 그 당시 톨레도에 왔을 때는 언덕을 올랐던 것 같은데 지금은 에스컬레이터가 설치돼 있다. 몇 단계의 에스컬레이터를 오르고 나서야 톨레도 대성당으로 가는 골목 입구에 도착할 수 있었다.

유대인들이 살았던 골목을 지나 먼저 찾은 곳은 성토마스성당이다. 그곳에서는 꼭 볼 것이 하나 있다고 했다. 어제 프라도미술관에서 귀가 아프도록 들었던 엘 그레코의 작품 외에 또 다른 명화가 소장돼 있단다.

티켓을 끊고 들어가자 〈오르가스 백작의 장례식〉이라는 작품이 우리를 맞았다. 16세기 후반에 그려진 이 그림이 유명한 이유는 천상의 세계와 지상의 세계를 확실하게 구분해 그렸는데 천상은 모더니즘 양식이고 지상은 고전주의 양식이라는 것이다. 그림 한 장에서 두 가지 양식을 비교해 볼 수 있어 미술사적으로도 의미가 있는 작품이라는 생각이 들었다.

엘 그레코의 그림의 뿌리는 비잔틴 종교 미술에 있지만 그는 베네치아 화가들의 풍부한 색채와 자유로운 붓질에 큰 영향을 받았다고 한다. 어제 가이드가 프라도미술관에서 엘그레코를 가리켜 붓 터치의 대가라고 했던 말이 생각났다.

구불구불한 골목길을 돌아 나와 톨레도 대성당으로 향한다. 자갈이 박혀 울퉁불퉁한 좁은 골목길에 승용차들이 자주 오간다. 성안에 사는 현지 주민들이라고 했다.

톨레도에는 특이하게도 기독교와 유대교, 이슬람교 유적이 공존한 곳이라고 가이드는 말한다. 톨레도 대성당은 1227년 건설을 시작하여 266년이 지난 1493년에 완성되었는데 현재 스페인 가톨릭의 총본산이란다. 본당 우측의 보물실에 있는 성체현시대는 전체가 금과 은으로 만들어졌고 5,000개의 부품으로 이루어졌으며 무게만도 180kg이라고 했다.

프랑스 왕 생 루이가 기증한 '황금의 성서'는 물론 본당 중앙에 있는 성가대실의 의자 하나하나에 새겨진 정교한 목각 역시 고전적인 아름다움을 지니고 있어 가이드의 긴 설명이 이어졌다. 대사원의 성기실은 미술관으로 되어 있어 엘 그레코 불후의 명작 〈엘 에스폴리오〉(그리스도의 옷을 벗김)와 고야의 작품이 전시되어 있었다.

대성당을 둘러보고 따호강변으로 나왔다. 햇볕이 몹시 따갑다. 파란 하늘에 하얀 구름이 무심히 떠간다. 강변에서 톨레도의 지나온 세월을 바라본다. 따호강을 사이에 두고 이슬람 시대의 성벽이 톨레도 구시가지를 감싸고 있다. 유럽에서 가장 뛰어난 고딕 양식으로 평가 받는 톨레도 대성당, 성곽 곳곳 가톨릭 왕국에서 전해지는 이슬람의 향기들. 나는 지금 따호강변 두 지역을 이어주는 알깐따라 다리 난간에 기대 가톨릭과 이슬람의 만남을 지켜보고 있다.

바람의 언덕에서 돈키호테를 만나다

따호강변 식당에서 현지식으로 점심을 먹고 콘수에그라로 향한다. 돈키호테를 만나기 위해서다. 가는 길 도로 양쪽으로 포도와 올리브 농장이 끝없이 이어진다. 올리브 생산 세계 1위 스페인에는 대략 3억 2천만 그루 정도의 올리브가 자라고 있단다. 전라남북도, 충청남북도 전역에 올리브 나무가 심어진 셈이라고 한다.

가는 길에 가이드가 사라사테의 '치고이너바이젠'과 로드리고의 '아란후에즈 협주곡'을 들려준다. 이유가 있었다. 사라사테나 로드리고는 둘 다 스페인 출신 작곡가이고 치고이너바이젠은 스페인과 밀접한 관계가 있는 집시의 노래이기 때문이다.

아란후에즈는 이곳 스페인 마드리드 인근 고원지대에 있는 아름다운 옛 도시라고 했다. 우리에게는 MBC 주말의 명화 시그널 뮤직으로 더 알려진 로드리고의 '아란후에즈 협주곡 2악장 아다지오'가 끝나갈 때쯤 멀리 언덕 위로 성채가 보인다. 새하얀 풍차도 모습을 드러낸다.

라만차 평원을 달려 콘수에그라 마을 어귀에 도착했다. 톨레도에서 리무진 버스로 50분 정도 걸린 것 같다. 대형 버스가 곡예 하듯 좁은 골목길을 오르고 있다. 빛바랜 낡은 집들은 엎드린 채 말이 없다. 빈집들이 자주 눈에 띄고 그나마 사람이 사는 듯한 집들도 커튼으로 창문을 가리고 있다. 모두 시에스타, 낮잠에 빠진 모양이다. 소음과 매연, 먼지만을 남기고 지나쳐 가는 것 같아 미안하다. 그들에게.

마을을 지나 언덕을 오른다. 길바닥에 돌이 굴러다닌다. 능선에 오르니 바람이 무척 거세게 분다. 몸을 가누기도 힘들 정도이다. 눈 아래로 콘수에그라 마을과 드넓은 라만차 평원이 펼쳐져 있다. 언덕에는 방앗간으로 사용됐다는 12개의 풍차가 늘어서 있다. 중세의 모습 그대로를 간직한 성채도 보인다. 지금으로부터 1605년 세르반테스가 발표한 소설 '돈키호테'의 무대가 됐던 곳 중의 하나이다.

소설은 400년 전으로 거슬러 올라간다. 17세기경 스페인의 라만차 마을에 사는 한 신사가 한창 유행하던 기사 이야기를 너무 탐독한 나머지 정신 이상을 일으켜 자기 스스로 돈키호테라고 이름 붙인다. 그 마을에 사는 뚱보, 머리는 약간 둔한 편이지만 수지타산에는 빠른 소작인 산초 판사를 시종으로 데리고 무사 수업에 나가 갖가지 모험을 겪으며 스토리는 전개된다. 돈키호테는 환상과 현실이 뒤죽박죽되어 기상천외한 사건들을 일으키는데, 말을 타고 길을 가다 풍차를 거인이라 생각하여, 산초가 말리는데도 듣지 않고 습격해 말과 함께 풍차의 날개에 떠받쳐 멀리 날아가 떨어져 버린다.

바람 부는 언덕에서 잠시 인간이 지니고 있는 이상과 현실 사이에서 방황하는 한 인간을 바라본다. 이상과 현실의 괴리, 예나 지금이나 풀기 어려운 숙제인 것을.

풍차와 함께 콘수에그라 마을과 드넓은 라만차 평원을 눈에 담는다. 중세시대 언덕 위 성채의 영주에게 농사지은 곡물을 바쳐오던 주민들의 고된 삶이 혹시 지금의 콘수에그라 마을 사람들에게까지 대물림된 건 아닌지. 마음이 조금은 짠하다.

그런데 건조한 땅 라만차 콘수에그라가 금빛 사프란의 산지로 유명하다니 의외다. 언제 이곳을 다시 찾을 날이 있을까. 아마 그럴 날은 없을 것이다. 향신료의 여왕, 사프란. 그 은은한 향이 코끝을 스치며 달아나고 있다.

콘수에그라에 바람만을 남겨둔 채 다시 마드리드로 돌아왔다. 마드리드 중심 스페인 광장에서 다시 돈키호테상을 만나 기념촬영을 하고 자유 시간을 가졌다. 약간의 쇼핑도 하고 재래시장도 들르고 마요르 광장 노천카페에서 아내와 함께 에스프레소 한잔으로 피로를 달랬다. 그렇게 하루가 저문다.

살라망카 마요르 광장에서 중세를 읽다

여행 사흘째 6월 28일 토요일이다. 시차 때문인지 시간이 뒤죽박죽된 느낌이다. 아침 일찍 마드리드에서 출발해 3시간 만에 중세의 도시 살라망카에 도착했다. 고대 로마의 다리를 건너 구시가지로 들어섰다. 12세기 로마네스크 양식의 대성당, 16세기에 건립된 고딕 양식의 대성당이 여행객을 압도한다.

구시가지 마요르 광장에서 자유 시간을 가졌다. 한바탕 찬바람이 광장을 쓸고 지나간다. 스페인에서 가장 아름다운 광장이라는 명성답게 살라망카 마요르광장 주변을 둘러싸고 있는 건축물들은 섬세하고 화려했다. 이곳 살라망카대학은 유럽에서 가장 먼저 '대학'이라는 명칭을 사용한 명문이라고 했다. 세계문화유산으로 지정돼 있다는 중세의 거리에 젊음이 출렁이고 세계 각국의 여행객들은 여유롭게 시간여행을 즐기고.

성모 발현지 파티마를 찾아서

살라망카를 떠나 이제 여정은 스페인 국경을 넘어 포르투갈 파티마로 향한다. 포르투갈은 인구 천만 명에 우리 남한 정도의 면적을 가진 나라이다. 고속도로를 따라가는 들판에는 아름드리 상수리나무가 이국의 풍경을 만들어내고 있다. 하늘과 땅이 맞닿는 지평선, 끝없이 이어지는 상수리 군락.

1999년 스페인 여행 중, 포루투갈 리스본행 야간열차가 운행된다는 얘기를 듣고 그걸 꼭 한번 타고 싶다는 충동을 느낀 적이 있었다. 그땐 일정이 맞지 않아 타보지는 못했다. 그런데 최근 〈리스본행 야간열차〉라는 영화가 국내에서 개봉돼 상영되고 있다는 걸 알게 됐다.

오랜 시간 고전문헌학을 강의하며 새로울 게 없는 일상을 살아온 그레고리우스(제레미 아이언스 분)가 폭우가 쏟아지던 어느 날, 우연히 위험에 처한 낯선 여인을 만나면서 전개되는 〈리스본행 야간열차〉! 지금 나는 그 설렘을 안고 아내와 함께 포르투갈 땅을 향해 달려가고 있다.

일행을 태운 리무진 버스는 스페인 국경을 넘고 있다. 신기하게도 포르투갈로 접어들자 스페인에서 보기 힘들었던 산과 계곡이 나타난다.

살라망카를 출발한 지 6시간 만에 포르투갈 파티마에 도착했다. 시간은 저녁 7시였지만 해는 아직 중천에 떠 있다.

호텔에 짐을 풀고 우선 파티마 대성당부터 찾았다. 포르투갈 중부 산악지대에 있는 파티마는 가톨릭교회가 공식 인정한 성모 발현지라고 했다. 1917년 5월부터 10월까지 매달 13일, 여섯 차례나 3명의 어린 목동 앞에 성모 마리아가 나타나 죄의 회개와 로자리오의 기도를 권하였다는 유래 때문에 순례지가 되었다고 한다.

드넓다고 할 정도의 넓은 광장 한쪽엔 65m 높이의 대형 십자가가 서 있고 계단 위로 대성당이 우뚝 솟아 있다.

성당 안에는 실제 목동들의 무덤까지 있어 신기했다. 일행 중 가톨릭 신자들은 세계 각국에서 온 여행객들과 함께 직접 현장 미사를 보고 밤에는 촛불 행렬 행사까지 참여했다.

유라시아 대륙의 최서단, 그 지구 끝으로

이미 포르투갈 깊숙이 들어온 모양이다. 파티마에서 지구 끝 까보다 로카 까지는 1시간이 채 걸리지 않았다. 굽잇길을 돌 때마다 대서양이 나타났다 사라진다.

드디어 도착한 땅끝, 포르투갈 국민시인 '카몽이스'는 〈포르투갈의 노래〉라는 시에서 '이곳에서 땅이 끝나고 바다가 시작된다.'라고 노래했다. 시비 앞에서 기념촬영을 한다. 출렁이는 대서양의 물빛을 배경으로 포즈를 취해본다. 인근 관광사무소에서 유럽 최서단 방문 증명서를 발급해주기도 한다고 하는데 뭐 그리 그게 중요한가. 가슴에 담고 가는 거다. 대서양을 건너고, 아프리카 항로를 뚫고, 신대륙을 개척하는 등 '대항해시대'를 열었던 땅끝에서 나를 바라본다. 그래, 다시 시작이다. 나도 멋진 시작(詩作)을 해보는 거다.

호카곶에서 태평양을 가로질러가면 우리나라 화진포

와 장산곶이 나오고 대서양을 횡단해 가면 뉴욕의 자유의 여신상과 만난다고 했다.

호카곶에 도착하기 전 가이드는 '파두'라는 음악을 들려줬었다. 다시 그곳을 떠나면서 파두를 듣는다. 대항해시대는 진취와 멜랑꼴리라는 두 정서를 남겼는데 그걸 노래한 게 파두라고 했다. 파두(Fado)는 운명, 숙명을 뜻하는데, 포르투갈 전통 민속 음악 장르의 하나란다. 파두에 내재한 애수, 향수를 가리키는 사우다드(saudade) 라는 정서가 동양의 '한(恨)의 노래' 일맥상통한다는 걸 느낄 수 있었었다. 떠난 자와 남은 자, 떠난 자와 남은 자. 가슴이 먹먹하다.

리스본행 관광버스에 몸도 싣고 마음도 싣고

호카곶에서 오래 머무를 수는 없었다. 찬바람이 세차게 불어 춥고 몸도 가누기 힘들었기 때문이다. 리스본행 리무진에 몸을 실었다. 리스본까지는 40km. 그리 멀지 않은 곳이다. 오른편으로 테주강이 흐르고 있다. 스페인 중부도시 톨레도에서 만났던 타호강이 서쪽으로 650km를 흐르고 흘러 포르투갈 리스본에 와서는 테주강이라는 이름으로 불리고 있었다.

리스본 시내로 들어왔다. 도시가 밝은 표정이 아니다. 내가 생각했던 도시의 모습과는 조금 어긋나 있다. 풍요와 번영보다는 뭔가 쇠락의 길이 보인다. 사실 스페인도 마찬가지고 유럽 여러 나라가 경기침체로 요즘 어려움을 겪고 있다고 하지만 포르투갈은 정도가 조금 더 심한 것 같았다. 1755년 리스본 전역을 폐허로 만든 대지진 탓도 있겠지만, 대항해시대를 열어 유럽 전역에 신대륙 개척의 불을 지폈던 나라 포르투갈의 모습이 저 정도라는 말인가.

벨렘탑 앞에 섰다. 16세기 초 바스코 다 가마의 인도항로 개척을 기념하기 위해 세웠다는 벨렘탑. 대서양과 테주강이 만나는 지점에 세운 벨렘탑은 드레스를 입은 귀부인을 닮았다고 해서 '테주강의 귀부인'이라고도 불리는 모양이다. 대항해 시절 멀고도 긴 항해를 끝내고 돌아오던 탐험가들에겐 꿈에 그리던 고향의 모습이었을 벨렘탑이 1층은 정치범과 독립운동가를 가둔 감옥, 2층은 세관, 3층은 귀부인들이 차를 마시는 장소로 이용되었다고 하니 역사의 아이러니가 아닐 수 없다.

벨렘탑 광장 건너편에 자리한 제로니모스 수도원은 당초 포르투갈 왕실의 묘비로 사용하려고 지었는데, 훗날 탐험가 바스코 다 가마가 역사적인 출정 전야 이곳을 찾아 기도를 올린 장소로 유명해졌으며 그의 무덤은 아직도 수도원의 역사적 기념물 가운데 하나로 여행객들의 발길을 멈추게 하고 있다. 호카곶에서 시비(詩碑)로 만났던 포르투갈 민족시인 카몽이스도 이곳에 영면하고 있었다.

세계문화유산 제로니모스 수도원과 리스본에서 가장 오래된 광장인 로시오 광장 등을 둘러본 후 단체로 사먹은 TV 프로그램 '꽃보다 할배'에서 소개한 적 있는 에그타르트의 맛은 특별했다.

대구를 장기간 소금에 절여서 말린 뒤 뼈를 발라서 각종 야채, 올리브유와 곁들여서 먹는 '바칼라오'라는 현지식으로 점심을 먹고 버스에 몸을 실었다. 1966년 완공됐다는 타구스강 하구의 살라자르 다리, 독재자의 이름을 따 다리 이름을 지었지만 1974년 4월 25일 혁명 이후 이름이 바뀐 4.25 다리를 건너 다시 스페인 남부 세비야로 향한다.

플라멩코와 투우의 본고장 세비야

포르투갈에서 스페인 세비야로 가는 길은 멀었다. 스페인 땅으로 들어오니 들판에 상수리나무 군락이 끝없이 펼쳐진다. 하나 같이 옆으로 무성하게 분재처럼 자라고 있었다. 상수리나무는 7년에 한 번씩 껍질을 벗겨 코르크 제품의 원료로 쓰인다고 하는데, 우리가 흔히 아는 마개뿐만 아니라 가방, 지갑, 노트 표지 등 다양하게 쓰이며 비싸게 판매되고 있었다.

점심을 먹고 난 여행객들은 스스로를 이기지 못해 깊은 잠에 빠져들고 가이드 홀로 스페인의 역사를 가르치고 있다. 고속도로변에 활짝 핀 유도화도 꿈속을 헤매고 있을 것 같은 여름 낮의 오후 한때. 나는 이국의 풍경 한 컷 한 컷을 눈에 담고 있다.

얼마나 달렸을까. 휴게소에 도착했다는 가이드의 말에 모두 잠을 깬다. 이번 휴게소에서는 스페인의 별미 하몬을 먹게 돼 있다. 팀별로 나무 그늘 아래 테이블에 자리를 잡았다. 하몬이란 돼지 뒷다리를 소금에 절여 숙성 시켜 건조한 일종의 햄 같은 거였는데 스페인을 대표하는 식품 중의 하나라지만 솔직히 맛은 별로였다. 너무 짜기도 했지만 얇아서 먹는 것 같지도 않았다. 한 접시에 12유로, 우리 돈으로 만 7천 원 정도였다. 시원한 맥주를 채운 건배 소리가 한동안 계속됐다.

세비야로 가는 길, 해바라기 농장이 이어진다. 끝이 없다. 해바라기 기름이 스페인에서는 자동차 연료로까지 사용된다고 했다. 7월의 따가운 태양 아래서도 방긋방긋 이방인을 반기고 있는 모습이 고맙고 예쁘다.

세비야 시내로 들어선다. 5시간이 더 걸렸다. 세비야는 스페인 남부 안달루시아 지방의 중심도시인데 론도와 함께 현대적 의미의 투우가 시작된 곳이고 플라멩코의 본고장이라고 했다. 스페인까지 왔는데 플라멩코 공연을 안 보고 지나칠 수야 없지 않겠는가. 예약된 공연관에서 와인 샹그리아를 마시며 공연을 관람했다. 90여 분 동안 이어진 본고장 노래와 춤의 향연.

집시들이 떠돌아다니며 노래한 삶의 애환이 묻어나서인지 비장함마저 느껴진다. 발을 구르고, 박수를 치고, 바닥을 치고, 노래를 부르고. 현란한 발동작은 심장을 통통 뛰게 하기에 충분했다. 그러나 공연관 등 분위기가 기대에 못 미친 감도 있어 아쉬움이 남는 공연이기도 하다.

세비야 시내를 관통하는 과달키비르강을 끼고 숙소로 들어왔다. 오늘 하루 참으로 긴 여정이었다. 포르투갈 리스본에서 스페인 남부 세비야까지.

아! 세비야 대성당, 그리고 스페인광장

여행 5일째, 6월 30일 월요일이다. 아침 일찍부터 서둘렀다. 오늘은 세비야 시내 관광 후 점심을 먹고 아프리카 북부 모로코로 갈 것이다.

세비야를 지키는 방어탑으로 이슬람에 의해 13세기 전반에 건설돼 신대륙에서 가져오는 금을 보관했다는 과달키비르강변의 황금의 탑과 마리아 루이사 공원을 둘러보고 스페인 광장을 찾았다.

스페인에서 가장 아름답다고 알려진 스페인 광장은(살라망카에서는 그곳의 마요르 광장이 스페인에서 가장 아름답다고 했다. 내 생각에는 둘 다 아름답지만 세비야의 스페인 광장이 훨씬 더 맘에 들었다. 스페인 광장은 마드리드에도 있고 이탈리아 로마에도 있다) 배우 김태희가 플라멩코를 추는 CF로 우리에게 친숙한 곳이다. 한가인의 신용카드 CF 촬영 현장은 물론 영화 스타워즈, 국내 한 방송사의 인기 드라마 '하늘이시여'도 이곳에서 일부 촬영했다고 한다.

반원형으로 이뤄진 광장의 어느 각도에서 사진을 찍어도 잘 나온다고 해 이곳저곳을 열심히 헤매며 셔터를 눌렀다. 스페인 58개 도시의 역사적 사건들을 채색 타일로 장식한 벤치에 앉아 생각에 잠겨 보기도 했다. 광장 안쪽은 관광객들로 붐비고 바깥쪽은 시청사 등 관공서 등으로 활용하고 있단다. 며칠 전 거쳐 온 살라망카 마요르 광장의 북쪽 망루가 있는 건물도 살라망카 시청사 건물이라고 했다.

세비야 구시가지로 향한다. 노랗게 오렌지가 익어가는 오렌지 나무 가로수들이 인상적이었다. 18세기 세비야를 무대로 한 사랑 이야기를 담은 〈세비야 이발사〉의 작곡자 로시니의 생가를 지나 산타크루즈 거리 노천카페에서 지친 몸을 달랬다. 세비야는 여행 첫날 프라도미술관에서 만났던 스페인 최고의 궁정화가 벨라스케스의 고향이기도 하다.

세비야 대성당 입구에 도착했다. 뙤약볕에도 아랑곳하지 않고 길게 줄을 서 간단한 보안 검색 후 입장했다. 남자는 모자를 벗으란다. 세비야 대성당의 웅장함 속으로 빨려 들어간다.

15세기에 이슬람을 정복한 기독교도들이 8세기에 건설된 모스크 위에 지은 세비야 대성당은 세계에서 가장 큰 고딕 양식의 건축물로 로마의 성 베드로 성당, 런던의 세인트 폴 사원에 이어 유럽에서 3번째로 큰 성당이라고 했다.

세비야 대성당은 스페인 최대의 성당이자 세계 제1의 주교자 성당이기도 하다. 대성당 내부 건축물의 규모와 장식의 정교함, 화려함을 어찌 다 말로 다 표현할 수 있을까. 불가사의하다는 생각뿐이었다.

또 하나 관심을 갖고 본 것은 대성당 안의 콜럼버스 묘였다. 콜럼버스의 관이 공중에 떠 있었는데 그게 다 사연이 있었다. 스페인 이사벨 여왕의 지원을 받아 4차례나 항해에 나섰지만, 불행하게도 스페인 왕들에게 버림을 받았다고 한다. 그래서 콜럼버스는 죽어서도 스페인 땅을 밟지 않으리라는 유언을 남겼고, 그런 이유로 스페인 옛 왕국의 왕들이 관을 어깨에 메고 있다는 것이다.

앞의 두 왕은 콜럼버스를 지원해 고개를 들고 있고 뒤의 두 왕은 그렇지 못해 고개를 숙이고 있다고 한다. 앞쪽 두 왕의 발가락이 유난이 반짝거리는 것도 이유가 있었다. 오른쪽 발을 만지면 사랑하는 사람과 다시 세비야를 찾게 되고 왼쪽 발을 만지면 부자가 된다는 속설 때문에 반질반질했다. 그냥 재미있으라고 만들어낸 말임은 틀림없지만 이야기를 만들어내 보는 재미를 더해주는 재치가 돋보였다.

콜럼버스는 스페인에 엄청난 부를 안겨다 줬고 세비야 역시 콜럼버스로 인해 제2의 로마라는 별칭을 얻을 만큼 번성했다고 하니까 지금의 세비야는 콜럼버스가 없었다면 한낱 작은 도시로 남았을지도 모르겠다.

세비야 대성당의 첨탑인 아파트 34층, 97m 높이의 히

랄다 탑에 오르면 세비야 시내를 한눈에 바라볼 수 있다는데 공사 중이라 오르지 못했다. 오렌지 나무가 늘어서 있는 오렌지 안뜰 그늘에서 또 하나의 쉼표를 찍었다.

지브롤터 해협을 건너 북아프리카로

오후 1시 20분 세비야를 출발했다. 모로코로 가기 위해서는 스페인 최남단의 작은 항구도시 타리파에서 페리를 타고 지브롤터 해협을 건너야 한다. 세비야에서 강행군을 하고 점심을 먹은 후라 졸음이 밀려온다.

세비야 시내를 벗어나자 다시 해바라기 농장이 이어진다. 수채화 물감이 번져가듯 노란 미소가 물결처럼 출렁이고 있다. 타리파는 브라질 작가 코엘료의 대표작 '연금술사'의 배경이 된 곳이기도 하다. 주인공 산티아고가 신부의 길을 포기하고 양치기가 되어 순례의 길을 떠나는 출발지가 타리파항이란다. 우리 일행은 오늘 그 해로를 따라 모로코 탕헤르로 갈 것이다.

차창 밖 언덕 가까이에 풍력발전을 위한 풍력계가 바람개비처럼 수도 없이 돌아가고 있다. 바로 눈앞에서 춤을 추는 대형 풍력계는 색다른 볼거리였다.

얼마나 달렸을까. 멀리 바다가 보인다. 저 너머는 아프리카 땅일 것이다. 구불거리는 도로를 한참을 더 내려가 타리파에 도착했다. 세비야에서 타리파항까지 3시간 이 걸렸다.

타리파항은 생각보다 붐비지 않았다. 주변을 둘러볼 틈도 없이 바로 출국 수속을 밟았다. 쾌속 페리이기 때문에 리무진 버스는 2대까지만 실을 수 있는 모양이다. 그래서 우리보다 늦게 도착한 국내 다른 여행사 팀들은 무거운 캐리어를 밀고 배에 오르는 불편을 겪고 있었다.

단체는 우리나라 사람들뿐이었다. 간단한 출국 수속을 마치고 배에 올라 다시 입국 수속을 밟았다. 여행객들의 편의를 위해 배 안에서 입국 절차를 밟는다고 했다.

길게 줄을 서 차례를 기다리는데 모로코 현지인인 듯 히잡을 두른 여인들, 올망졸망한 아이들이 신기하다는 눈빛으로 우리를 바라보고 있다. 손을 흔들어 그들에게 친근감을 표시해 주었다. 때 묻지 않은 그들의 미소와 눈빛. 입국 수속을 끝내고 자리를 잡는데 뒤늦게 그들이 수속을 밟는다. 그때는 이미 페리가 출발한 상태였기 때문에 배가 더 심하게 흔들렸다. 이방인들을 위한 그들의 배려가 고맙고 한편으론 미안하다.

스페인 타리파에서 모로코 탕헤르까지는 바닷길로 불과 27km. 그리스 신화 영웅 헤라클레스가 벌려 놓았다는 지브롤터 해협으로 연결돼 있다. 고속 페리가 물보라를 일으키며 달린다. 타리파항의 구즈만 성이 서서히 멀어져 간다. 여행객들은 배 안 이곳저곳을 오가며 지중해의 물빛을 카메라에 담기 바쁘다. 50여 분 후 북아프리카의 관문 모로코 탕헤르에 도착했다.

저녁 8시가 넘은 시간이었지만 탕헤르는 해가 중천이다. 스페인과는 원래 1시간의 시차가 나지만 라마단 기간이라 2시간이 더 늦게 간다고 했다.

스페인 여행 중 고속도로 휴게소 등에서 매번 마주친 우리 한국 여행객들이 있었는데 가이드는 그들을 카사블랑카 가는 사람들이라고 했다. 그러면서 그들에 비해 우리 일행은 참 좋은 여행 코스를 택했다고 몇 번이나 추켜세웠었다. 영화 등으로 잘 알려져 있기 때문에 카사블랑카 코스를 가려고 하는 사람들이 많지만, 실상은 그리 추천할 만한 코스가 아니라는 것이다. 이동하는 데 너무 많은 시간이 걸리고 볼거리도 없다는 이유에서였다.

그럼에도 불구하고 어린 시절에 자주 들었던 언덕 위의 하얀 집 카사블랑카라는 노래가 내 향수를 자극했고 오드리 햅번 주연의 '카사블랑카'에 홀려 그곳에 가보고 싶었던 것도 사실이다. 나는 결국 러시아 항공과 카타르 항공 사이에서 고민하다가 카사블랑카가 빠진 대신 쉐프샤우엔이 들어간 카타르 항공 상품을 택했었다. 그런데 인제 와서 가이드의 말을 들으니 참 잘한 결정이라는 생각이 든다.

그때 가이드는 또 우리가 오늘 묵게 될 탕헤르의 숙소가 좋은 편은 아니지만, 최악의 카사블랑카에 비하면 괜찮은 편이니까 안심하라고 했었다. 그래서 탕헤르 숙소에 대해서는 어느 정도 각오를 하고 호텔에 들어섰다.

탕헤르의 호텔은 현대식 외양과는 달리 룸이 심플하고 검소했다. 문제는 이상한 냄새였다. 지린내가 방안에 가득했다. 그게 그곳 아프리카 숙소 특유의 향이러니 생각하니 이내 편안해진다. 그렇게 아프리카에서의 첫 밤이 깊어간다.

낯선 모로코에서도 태양은 떠오르고

여행 6일째, 7월의 첫날이다. 간밤에 호텔 엘리베이터에서 약간의 해프닝이 있었다. 와이파이 때문에 잠깐 로비에 내려갔다가 룸이 있는 3층에 도착해 엘리베이터 문이 열리기를 기다렸지만 감감무소식이었다. 그러잖아도 엘리베이터 겉 마무리가 나무로 돼 있고 운행 중일 때 삐거덕거리는 소리가 나 신경이 쓰였었는데 열리지 않으니 당황할 수밖에. 그런데 그게 자동문이 아니라 손으로 문을 열고 닫는 여닫이문이란 걸 한참 후에야 알게 됐다.

그런 경험은 3년 전 동유럽 여행 때 겪은 적이 있긴 했다. 체코 프라하에 도착하기 전 체코 제2의 도시 브르노의 산 중턱에 자리한 아름다운 호텔에서 묵은 적이 있었는데 그때도 그랬었다. 그런 부분은 참 이해가 가지 않는다. 외관은 현대식 멋진 호텔인데 엘리베이터는 구석기 시대였다. 스페인 여행 첫날 마드리드 호텔에서는 숙소 층에 도착해 문이 열리기를 기다리는데 갑자기 등 뒤쪽에서 열리는 바람에 한바탕 실소를 터뜨린 적도 있었다.

나라마다 층수 개념이 다른 경우도 있었다. 우리나라는 1층이 로비이지만 유럽 대부분의 나라는 로비가 0층이다. 스페인은 지하 1층을 0층이라고 했다. 고속도로변 휴게소의 화장실 사용도 스페인에서는 무료였지만 포르투갈과 모로코는 유료였다. 오래전 서유럽 여행 때는 잔돈이 없어 1달러 내고 몇 사람이 손을 잡고 간 적도 있었다. 문화와 제도의 차이니까 뭐라 할 수도 없고.

어쨌든 탕헤르의 엘리베이터는 이상하고 방에서 냄새도 났지만, 호텔식은 만족스러웠다. 빵 맛이 유럽 호텔들과는 달리 달달했다. 내 입맛에 맞았다. 호떡 맛이 나는 빵도 맛있었고 특히 호텔 뷔페 음식 진열대 옆 바닥에 앉아 히잡을 두른 현지 여인이 직접 만들어주는 '스맨'이라는 부침개는 인기 최고였다. 오랜만에 든든하게 아침을 먹고 리무진 버스에 오른다.

고대도시 메크네스의 잿빛 속으로

17세기 모로코의 수도 메크네스를 찾아간다. 스페인의 들판에서는 사람들을 거의 볼 수 없었는데 모로코에서는 주민들이 자주 눈에 띈다. 우리의 6, 70년대 생활 모습이라고나 해야 할까. 그들의 삶이 참 고달파 보였다.

아침 일찍 탕헤르에서 출발해 오후 1시가 넘어 메크네스에 도착했다. 예약된 식당으로 바로 가 현지식으로 점심을 먹었다. 라마단 금식 기간에 김이 무럭무럭 나는 푸짐한 밥상을 받고 보니 그들에게 참 미안하다. 식당을 나오면서 퀭한 눈빛의 종업원들을 그냥 지나칠 수 없어 유로화 몇 장을 쥐여주었다.

'메카의 사람들'이라는 뜻을 가진 인구 150만의 메크네스는 11세기부터 군사 주둔지로 발전해 나가다 17세기 모로코 알라위 왕조의 수도가 되면서 황금기를 맞았다고 한다. 그러나 지금은 지리적으로 수도 라바트와 페스의 중간지점에 있어 여행객들이 잠시 지나가는 정도의 도시로 전락한 느낌을 받았다.

메크네스 거리의 햇살이 장난이 아니다. 메크네스 광장을 가로질러 재래시장에 들렀으나 먹거리들만 가득해 별 흥미가 없었다. 광장 한쪽의 특산품 코너에서 자그만 도자기 제품 하나 사 들고 버스로 왔더니 이미 다른 일행들은 자리에 와 있다. 에어컨 빵빵한 버스 안이 최고다.

버스를 타고 이동하면서 주변을 둘러봤다. 이곳의 유적들은 유럽과 이슬람 문화가 뒤섞인 독특한 양식을 보이는데, 1996년 유네스코 세계유산으로 선정되었단다.

세계 최대의 미로를 찾아서

메크네스 인구가 현재 150만 명이라는데 우리가 지금 찾아가는 페스는 이미 8세기경 160만 명이 살았다고 한다. 세계 최대의 메디나는 9천여 개 이상의 골목으로 형성되어 있단다.

페스에 도착해 구시가지인 메디나 입구 '부 즐주드' 정문에서 현지 가이드를 만났다. 본격적인 미로 여행이 시작된 것이다.

골목은 좁았다. 팔려고 내놓은 온갖 물건과 인파로 인해 골목은 발 디딜 틈도 없어 보인다. 없는 것 빼고 다 있는 것 같다. 손님을 부르는 호객 소리와 부산한 발걸음 소리, 심지어 노새 몰이꾼의 고함까지 북새통도 그런 북새통이 없다. 상점 주인이나 종업원은 아닌 것 같은데 젊은 이들이 삼삼오오 모여 앉아 오가는 사람들을 쳐다보며 시간을 보내고 있다. 표정에는 그래도 여유가 있어 보인다. 우리 일행을 보고 '빨리빨리'을 외치며 친근감을 표시한다.

페스의 메디나는 14세기경 조성됐다고 하는데 아직도 수백 년 전의 모습 그대로를 간직하고 있단다. 세월의 때가 흠뻑 묻은 사원, 염색공장, 이슬람 학교, 심지어 궁전까지 모두가 골목 안에 있었다. 우리는 일행을 놓칠세라 앞사람의 꽁무니를 열심히 따라갔다. 어디 머무를 여유가 없었다. 구시가지를 제대로 둘러보려면 사흘 걸려도 모자랄 것 같다. 페스의 메디나를 제대로 알기 위해서는 길을 잃어봐야 한다고 조언(?)하는 사람도 있지만 우린 불행하게도 그럴만한 여유조차 없었다. 정해진 코스대로만 급하게 걸었다. 패키지여행의 한계였다. 이렇게 하지 않고는 그 자리만 맴돌다가 날을 셀 판이니까. 메디나를 빠져나와 도자기 공장, 염색 공장 등을 둘러보니 또 하루가 지나갔다.

파랑으로 물든 그곳, 쉐프샤우엔에서 길을 묻다

오늘의 여정은 모로코 최북단 리프 산맥을 넘어야 한다. 가는 길은 좁고 구불구불했다. 가끔 비포장 공사 구간까지 있어 버스는 가다 서기를 반복한다. 사실 우리 일행이 카사블랑카 대신 선택한 쉐프샤우엔이 국내 여행객에게 알려진 지는 몇 년 되지 않았단다. 가는 길이 위험해 여행사들이 꺼린 점도 이유 중의 하나라고 했다. 요즘은 찾는 사람들이 늘어나면서 도로 곳곳을 정비하기 시작했단다.

길옆으로 모로코의 들판과 산간마을들이 이어졌다. 마을 어귀나 들판에 현지인들이 눈에 자주 띈다. 스페인의 농촌 모습과는 사뭇 대조적이다. 스페인 사람들은 아침 일찍이나 저녁 선선할 때 주로 일을 한다지만 모로코 사람들은 뙤약볕도 개의치 않고 일을 하고 있었다. 그만큼 그들의 삶이 여유가 없고 팍팍하다는 방증일 것이다.

어디에서 장이라도 섰는지 짐을 바리바리 싸 들고 시골 찻길 옆을 걷는 사람들이 유난히 많았고, 가끔 노새를 탄 사람도 보인다. 군데군데 산기슭 집 담장 너머로 모로코인들의 고단한 일상이 스쳐 지나간다.

아침 7시에 페스를 출발해 4시간 30분이 걸려 쉐프샤우엔이 바라보이는 언덕 위에 도착했다. 마을 뒤로 우뚝 솟은 티소우카(2,060m)와 메고우(1,616m)를 등지고 해발고도 660m의 해피라인에 위치한 인구 3만 5천 명의 작은 산간마을. 험준한 리프 산맥의 두 봉우리 사이에 걸터앉은 새하얀 산간 마을이 참 이국적이다.

쉐프샤우엔이라는 지명은 마을 뒤 산꼭대기 2개의 큰 봉우리가 염소의 뿔을 닮은 데서 유래했다고 하는데 15세기경 기독교인들의 박해를 피해 스페인 그라나다에서 건너온 무슬림에 의해 처음 세워졌고, 오늘의 파란 마을이 된 것은 1930년대 유대인들이 이주해오면서부터라고 한다. 유대인들은 전통적으로 하늘과 낙원을 상징하는 청색과 부귀를 가져다준다는 파란색을 좋아하는 것으로 알려져 있다.

버스에서 내려 언덕을 조금 오르자 빛바랜 황톳빛 건물이 먼저 여행객을 맞는다. 아치형 문을 들어서니 바로 메디나(구시가지)로 이어졌는데 처음부터 온통 눈이 시리게 푸른 블루 일색이다. 벽면과 대문, 지붕은 물론 길바닥까지도 파란색이다. 스페인 남부 안달루시아 지방과 베르베르 스타일의 건축물이 조화를 이룬 아름다운 산간마을. 골목 양옆에 늘어선 즉석 노점에서는 할머니들이 올리브 열매 등 갖가지 과일을 팔고 있다.

특히 눈에 띈 과일은 무화과였다. 우리나라에서도 영암 등 남부지방에서만 재배한다는 무화과를 북아프리카 리프 산맥의 산간마을에서 본 것이다. 고향의 맛을 느끼고 싶었지만, 유로화가 아닌 현지 화폐 디르함만 통용되고 있어 포기할 수밖에 없었다.

골목에는 작은 공방과 원색의 직물, 전통 가죽 신발 바부쉬를 파는 가게 등이 이어진다. 공을 차거나 공기놀이를 하는 여자아이들, 무거운 몸을 뒤뚱거리며 걷는 여인들, 모로코 전통 의상인 젤라바를 걸친, 혹은 뾰족 모자를 쓰고 수다를 떠시는 할아버지까지 골목에서 만난 그들의 표정에서는 한결같이 여유가 느껴졌다. 모로코인들은 사진에 찍히면 영혼을 뺏긴다고 생각해 사진찍기를 꺼린다고 하는데 샤우엔 사람들은 낯선 이방인에게도 친근하게 다가왔다.

지중해의 물빛이 리프 산맥의 발치에 닿았을까. 깊은 바다의 푸른 물결이 출렁이는 대로 몸을 맡기고 걷는다. 파란 하늘이 무너져 내린 모로칸 블루에 빠져 한참을 걷다 보면 마음까지도 파랗게 물이 들고 말리라.

메디나의 중심 무타엘 하맘 광장 주변에 위치한 미술관과 박물관도 빼놓지 말고 들러야 할 곳인데 마즈젠 광장에서 동쪽 끝 안사르문까지 이어지는 골목을 꼭 걸어보라고 권하고 싶다. 메디나에서 가장 예쁜 골목으로 알려져 있기 때문이다.

파란 요정의 마법에 걸려 하루아침에 세상이 온통 파랗게 변해버렸을까. 사진이 가장 예쁘게 나온다는 골목에서는 줄을 서서 사진을 찍는 인내심까지 발휘하며 1시간여 동안의 메디나 여행을 부리나케 마쳤다.

배낭 여행객들의 입소문으로 알려지기 시작한 쉐프샤우엔이 우리 한국인에게는 아직은 낯선 땅인 모양이다. 골목에서 만난 그곳 사람들은 우리를 일본인이냐고 묻곤 했다. 세계 어디를 가든 우리 한국 여행객들을 자주 만날 수 있다고 얘기하는 사람들이 많은데 쉐프샤우엔만은 아직 예외라는 생각이 든다.

2시간여의 메디나 여행을 마치고 중앙광장의 전망 좋은 알라딘식당에서 모로코 현지식 꾸스꾸스로 점심을 먹는다. 창문 너머 쉐프샤우엔의 마을 모습이 한 장의 그림엽서로 다가온다.

지중해를 사이에 두고 유럽과 아프리카가 공존하는 땅, 세계여행자들이 가장 가보고 싶은 곳 중의 하나인 쉐프샤우엔이 우리에게 시사하는 바는 크다. 꼭꼭 숨은 오지 중의 오지에 봄, 여름, 가을, 겨울 세계 각국 여행자들의 발길이 끊이지 않는 이유는 무엇인가. 정답은 차별화였다. 나만의 색깔을 갖는 거였다. 이야기를 만들어주는 거였다. 골목길만큼이나 긴 내력을 찾아내서 길어 올리는 일이었다. 내가 살다 온 목포의 달동네 다순구미의 오래된 골목길, 지금 내가 살고 있는 달빛한옥마을의 처마 선과 월출산 능선이 만들어내는 고즈넉한 풍경, 구슬을 꿰어 보배를 만드는 일, 그건 온전히 오늘을 사는 우리들의 몫이 아닐까.

검은 대륙 아프리카의 눈물

탕헤르항을 향해 버스가 달린다. 차창 너머로 버스와 함께 달리는 젊은이들이 보인다. 한 명 또는 두 명이. 처음엔 무심코 봤는데 그만한 나이 또래 아이들의 달리는 모습이 자주 눈에 띈다. 궁금해 누군가 가이드에게 묻는다. 왜 저 애들은 더운데 한낮에 한결같이 뛰고 있느냐고. 그런데 이유가 있었다. 유러피언 드림을 좇아 아프리카 고향을 떠나온 아이들이었다.

밤낮으로 뛰고 또 뛰고 심지어는 쓰레기통을 뒤져 먹거리를 해결하면서 탕헤르를 향해 달린다고 했다. 그래서 그들의 1차 목표는 탕헤르항 근처에 주차해둔 버스의 바퀴 안쪽 공간으로 들어가는 것이었다.

참으로 슬픈 일이었다. 스페인으로 돌아가는 관광버스의 바닥에 매달려 유럽으로 밀입국을 시도하는 아프리카 아이들, 그들의 무모함을 나무라기에 앞서 그들이 처한 현실이 안타까울 따름이다.

우리가 탄 버스가 탕헤르항으로 들어서자 아프리카 아이들이 여기저기서 우르르 달려 나온다. 경찰이 그들 앞을 막아서며 쫓아낸다. 순간에 벌어진 일이었다. 설령 버스 바닥에 매달려 지브롤터 해협을 건너 스페인으로 간다고 해도 스페인 땅을 밟기 전에 체포되는 경우가 대부분이라고 하는데 왜 이토록 무모한 모험을 계속할까.

그런데 일단 스페인 땅을 밟기만 하면 스페인 국내법의 보호를 받기 때문에 기를 쓰고 달려들고 간혹 아주 드물게 스페인을 거쳐 프랑스 파리까지 진출해 크게 출세한 후 고향을 방문하는 청년들도 있는 모양이다. 그들은 그걸 로또 당첨 정도로 생각한다고 했다.

몇 달 전엔, 탕헤르항에서 스페인으로 돌아가는 버스가 아니라 모로코 페스로 가는 버스 바닥에 잘못 숨어 들어가 뒤늦게 방향이 다르다는 걸 깨달은 아이가 차 밑바닥을 치고 고함을 질러대 차를 멈추고 길가에 내려준 일도 있었다고 한다. 아프리카 아이들에게는 유럽과 아프리카 대륙을 벌려 놓았다는 헤라클레스가 야속할 뿐이다.

여정은 다시 스페인 남부로 이어지고

스페인 타리파항을 통해 모로코에 들어갔지만 나올 때는 알헤시라스항이었다. 이제 본격적으로 스페인 남부에서 지중해를 끼고 동부 바르셀로나까지 올라갈 것이다. 알헤시라스에서 늦은 저녁을 먹고 하루를 마감한다.

여행 8일째, 7월 3일이다. 오늘은 잠시 영국을 다녀오는 일정이다. 가이드는 우리 일행이 5개국 여행을 하게 된다고 농담조로 말한다. 스페인, 포르투갈, 모로코 일정이지만 카타르 도하에서 환승을 위해 몇 시간을 머물렀고, 지금 스페인 안의 영국령 지브롤터를 찾아가기 때문에 5개국이 된다는 계산이었다. 말을 듣고 보니 그럴듯하기도 하다.

아침 일찍 서둘러서인지 9시경에 지브롤터 입구에 도착했다. 국경지대인 셈이다. 오른쪽 지브롤터 해협 쪽으로 깎아지른 듯 바위가 솟아 있다. 지브롤터 바위란다. 같은 유럽 땅이지만 여권이 필요했다. 사무소 직원에게 그냥 보여주고 지나갔다. 버스는 스페인에서 기다리고 우리 일행은 시내버스를 탔다. 입구 가까이에 지브롤터 공항 활주로가 길게 뻗어있다.

영국의 직할 식민지인 지브롤터 반도는 스페인 이베리

아반도 남단에서 지브롤터 해협을 향하여 남북으로 뻗어 있다. 지브롤터의 역사는 그리스, 로마 시대까지 거슬러 올라가는데 수많은 부침을 계속해오다 1713 위트레흐트 조약에 의해 스페인과 이슬람교도 사이의 전쟁에 개입한 영국에게 스페인이 양도를 했다고 한다.

그 후 스페인은 이곳을 재탈환하려고 여러 차례 시도했으나 실패했고, 주민들 간에도 영국령으로 남느냐 스페인에 편입돼야 하느냐는 문제를 두고 여론이 대립하기도 했지만 지브롤터의 주민들은 자치정부를 구성하고 1969년 주민투표를 통해 영국령으로 남기로 했다고 한다. 당시 투표 결과는 영국령으로 남자는 의견이 압도적으로 많아 오늘에 이르고 있다는 것이었다.

시내버스에서 내려 메인스트리트 면세지역을 여유롭게 걸었다. 물건값이 상대적으로 저렴했다. 아내는 몇 가지 쇼핑도 했다. 총독부까지 걸어가 그곳에서 몇 장의 사진도 찍었다. 사진을 찍고 있는 아내와 나를 보고 지나가던 아주머니가 사진을 찍어주겠다며 어느 나라에서 왔느냐고 묻는다. 한국에서 왔다고 하자 '오우, 코리아' 하며 친근감을 표시한다. 이번 여행 중 처음으로 영어를 쓰는 행인을 만난 셈이다. 여기는 영국이니까.

지브롤터 여행을 마치고 알헤시라스로 돌아와 점심을

먹고 시 청사와 알타 광장 등을 둘러본 후 다음 목적지를 향해 출발했다.

유럽의 발코니 프리힐리아나로

네르하로 출발하기 전에 알헤시라스에서 약간의 해프닝이 있었다. 점심을 먹고 알헤시라스 시내 개별 관광 시간이 있었는데 일행 중 한 사람이 약속 시각까지 돌아오지 않았던 것이다. 버스가 출발하기 전 간단하게 인원 점검을 하고 출발하려 하자 남편 되는 사람이 하얗게 질린 얼굴로 아내가 없다는 것이었다. 놀란 가이드와 인솔자가 찾아 나서고 버스는 주차 공간이 없어 30여 분을 빙빙 돌기만 하고.

네르하로 가는 길은 멀었다. 리무진 버스는 지중해를 우측에 끼고 달린다. 유럽인들은 역시 바다를 좋아하는 모양이다. 바닷가, 혹은 바다가 보이는 산자락에 그림엽서보다 더 아름다운 저 만의 성을 짓고 살았다. 가이드는 스페인 출신 훌리오 이글레시아스의 히트곡 '헤이'와 '나탈리'를 들려준다. 차창 너머로 그의 별장이 영화의 한 장면이 되어 나타났다 사라진다.

몇 시간을 달려 유럽의 발코니 네르하에 도착했다. 네

르하의 천연 동굴을 구경하고 스페인에서 가장 아름다운 마을로 선정된 마을 프리힐리아나를 찾아간다.

프리힐리아나는 과거 기독교 세력의 확장과 함께 밀려난 이슬람교도들이 고지대로 피신해 산 중턱에 터를 잡으면서 형성된 스페인의 대표적인 '푸에블로 블랑코' 하얀 마을이란다. 이슬람문화에 유대교 문화가 더해지면서 지금의 모습이 됐다고 한다.

네르하 근교 프리힐리아나에 도착해 언덕을 오른다. 시에스타를 즐기는 스페인 특유의 문화 때문인지 골목 안은 조용하다. 골목 계단을 오르내리는 고양이와 관광객뿐이다. 집들이 정말 모두 하얗다. 하얀 벽엔 예외 없이 꽃 화분이 걸려 있다. 마을을 아름답게 가꾸려는 그들의 정성도 함께 걸려있다. 저마다의 취향이 있을 텐데 저처럼 어떻게 마음을 하나로 모을 수 있었을까.

마을이 끝나는 언덕에 오르자 시리도록 푸른 지중해가 보인다. 에메랄드 지중해의 물빛과 순백의 거리가 어우러져 풍경을 만드는 곳, 찍으면 화보가 된다는 프리힐리아나는 쉼표 같은 곳이었다.

알함브라궁전의 추억을 그리며

유럽의 베란다에서 취한 휴식 시간도 잠시 이슬람 최고의 걸작 알함브라 궁전을 찾아간다. 쭉쭉 뻗은 고속도로가 시원하다. 알함브라 궁전은 스페인 남부 안달루시아 지방 그나나다주의 주도인 그라나다에 있다. 눈 덮인 산맥이라는 의미를 가진 험준한 산악지역 시에라 네바다 산맥 북쪽에 있어 우리나라로 치면 지리산 청학동쯤에 궁전이 있는 셈이다.

자동차 안 스피커에서는 알함브라 궁전에서 얻은 영감을 기타곡으로 옮겼다는 타레가의 '알함브라 궁전의 추억'이 흐른다.

가이드의 설명이 이어진다. 알함브라는 아랍어로 '붉은 성'이라는 뜻인데 스페인 최후의 이슬람 왕조인 나사리 왕조의 번영기였던 14세기에 지어졌단다. 3개의 정원을 기본 축으로 하여 설계된 정원형식의 건축물로서 내부는 왕궁, 카를로스 5세의 궁전, 헤네라리페 정원, 알 카사바라고 하는 성채가 들어서 있다고 한다. 저녁나절 그라나다에 도착해 여장을 풀었다.

아침 일찍 숙소를 출발해 오전 9시경 궁전 주차장에 도착했다. 우리나라뿐만 아니라 외국인 관광객들도 눈에 많이 띈다. 이슬람 최고의 걸작, 이슬람 문화의 정점이라는 지명도 때문인지 매표소 주변도 무척 붐볐다.

현지 가이드를 만나 간단한 설명을 듣고 수신기도 받았다. 줄 서서 입장을 기다리는 줄 끝이 보이지 않는다. 관람 인원을 하루 8,260명으로 엄격히 제한하고 있으며 입장 절차도 복잡해 관광객은 물론 가이드들의 불만이 많지만, 궁전 측에서는 요지부동인 모양이다. 그만큼 자신이 있다는 의미인지도 모르겠다.

입장을 했지만 사람이 너무 많이 붐볐고 시간이 충분치 않아 제대로 볼 수 없어 아쉬움이 컸다. 궁전으로 향하는 정원에서 사진 몇 장 찍기에도 바빴다. 화려하고 정교한 대리석 타일, 채색 옻칠로 이루어진 아름다운 장식의 방들, 2개의 커다란 패티오(안뜰). 이슬람이 250년 걸려 지었지만 30년 만에 기독교인들에게 빼앗겼다는 역사적 사실 때문이었을까. '알함브라 궁전의 추억'이 애잔한 선율의 여운으로 남는다.

발렌시아 왕국의 흔적을 찾아

알함브라 궁전의 감동을 간직한 채 리무진 버스는 투리아강 어귀, 지중해안에 자리 잡은 발렌시아를 향해 달린다. 고속도로 너머로 오렌지 농장이 끝없이 이어진다. 발렌시아는 세계적인 오렌지 생산지이다. 농사에는 물이 중요해서인지 매주 목요일 정오 콘스티투시온 광장의 출입구에서 물 재판이 열린다고 한다. 물 분쟁을 즉석에서 해결하는 이 재판은 10세기 이후 지금까지 이어지고 있다고 하니까 놀라울 따름이다.

그라나다에서 4시간을 달려 발렌시아에 도착했다. 발렌시아는 옛 발렌시아 왕국의 수도이기도 하다. 간단히 구시가지 관광에 나섰다. 주교좌 대성당과 인접해 있는 고딕 양식의 미겔레테탑 등을 둘러봤다. 100개의 종탑도시답게 전통을 간직한 종탑들이 눈길을 끈다. 대성당은 450년에 걸쳐 지었다는데 고딕, 로마네스크, 바로크 양식이 혼재해 있어 의미가 남다르게 다가왔다. 세계 각국에서 온 여행자들 틈에 끼어 포세이돈 광장의 시원한 물줄기를 바라보며 여독을 달랜다. 그렇게 하루가 지나간다.

햇빛을 파는 도시, 그 마지막 여정 바르셀로나

발렌시아를 출발한 지 4시간여 만에 바르셀로나의 지중해 해변에 도착했다. 쪽빛 바다가 눈부시다. 햇빛을 파는 도시라는 별칭답게 해변 모래사장에서는 반라의 피서객들이 햇살과 파도를 즐기고 있다. 수많은 요트가 정박해 이국적인 그림을 만들어내고 있는 해변 레스토랑에서 현지식으로 점심을 먹고 몬세라트로 향했다.

연한 역암질 기둥들이 하늘을 찌를 듯 서 있는 몬세라트는 바르셀로나 뒤로 펼쳐진 평원을 바라보고 서 있었다. 1236m의 몬세라트산 중턱에 자리 잡은 몬세라트 수도원을 가기 위해서는 걷거나, 차량, 산악열차, 케이블카 등의 여러 방법이 있다. 우리 일행은 산 아래 주차장에 버스를 쉬게 하고 케이블카로 올라가 산악열차로 내려왔다.

험준한 바위산 725m나 되는 높이에 이처럼 크고 웅장한 건축물이 이미 천년도 훨씬 전에 지어졌다는 게 경이로웠다.

몬세라트 수도원에 모셔져 있는 검은 성모(블랙 마돈나) '라모레네타'을 보기 위해 순례자들의 발길이 끊이지 않고 있다는데 이 작은 목각상은 성 누가가 만들었다고 하며 서기 50년에 성 베드로가 이곳으로 가져왔다고 전해진다.

광장을 지나 예수와 열두 사도상이 내려다보고 있는 정면 건물로 들어서니 수도사들의 생활공간 수도원이 나온다. 정사각형으로 빙 둘러 지어져 있다. 두 개의 문 중 중앙문으로 들어서니 대성당이다. 잠시 성당 안 긴 의자에 앉아 생각에 잠긴다. 지금 이 순간에도 수도원 밖 뒤편으로 난 순례의 길, 그 길을 따라 수많은 순례자가 걷고 또 걸으며 묵상을 하고 있으리라.

몬세라트 수도원을 나와 바르셀로나로 돌아오는 자동차 안에 몬세라트 수도원의 자랑 에스콜라니아 소년합창단의 성가가 차 안 가득 울려 퍼지고 있었다.

몬세라트에서 바르셀로나까지는 1시간 남짓 걸렸다. 시내로 들어와 몬주익 언덕을 지나 올림픽경기장들을 둘러봤다. 1992년 바르셀로나올림픽 당시 우리의 황영조 선수는 몬주익 언덕을 내달려 마지막 혼신을 다해 올림픽경기장 메인스타디움 결승선을 통과하며 조국 대한민국에 금메달이라는 큰 영광을 선물했다. 경기장 입구 나무숲에 황영조 선수의 역주하는 모습이 경기도에서 직접 공수해간 대리석에 양각돼 역사적 순간의 감동을 떠올려 주고 있다.

버스로 시내를 돌며 바르셀로나 구석구석을 둘러봤다. 일종의 시티투어를 한 셈이다. 외관이 거대하고 특별한 건축물 옆을 지나는데 가이드는 바르셀로나의 경우 동물애호 단체 등의 반대가 심해 주민투표를 통해 투우를 금지하는 법안을 통과시켰다고 했다. 그래서 건축물은 투우장에서 대형쇼핑센터로 활용되고 있다고 한다. 그들의 시민 정신이 부럽고 그들과 소통을 한 행정이 부러웠다.

가이드는 우리 일행을 람블라스 거리에 내려놓는다. 자유스럽게 즐기고 정해진 시간 안에 버스로 돌아가면 된다. 아내와 나는 수많은 이방인이 활보하는 람블라스 거리를 걸으며 휴식을 취했다. 상가에서 아이쇼핑도 하고 인근 산호세 재래시장에 들러 맛 좋은 체리 등을 사 먹으며 시간을 보냈다. 이번 여행 마지막 밤을 바르셀로나에서 마감한다.

사그리다 파밀리아, 그 감동 속으로

여행 11일째, 7월 6일이다. 이번 여정의 꼬리가 보인다. 오늘은 그 유명한 가우디 건축물을 만나는 날이다.

세월의 흔적이 뚜렷한 성당이 바라보이는 숲속에서 먼저 가이드의 설명을 들었다. 스페인의 세계적인 건축가 가우디가 설계하고 직접 공사감독까지 맡은 가우디 성당의 정식명칭은 사그리다 파밀리아 성당이다. 성가족 성당이라고도 하며 우리나라 사람들에게는 가우디 성당으로 통한다. 사그리다 파밀리아는 '성 가족'이라는 의미로 예수와 마리아 그리고 요셉을 뜻한다고 한다.

1882년에 착공해 130여 년이 지난 지금도 성당 꼭대기에 대형 크레인을 설치하고 신축과 보수를 계속해오고 있었다. 가우디 사후 100년이 되는 2026년 완공 예정이라지만 앞으로 어떻게 될지는 아무도 모른다고 했다. 성금과 모금, 관광 수입으로만 공사비를 충당하고 있어 예산 문제도 있지만 당장의 성과나 보여주기식 공사를 지양하는 그들의 국민성으로 볼 때 무리하게 서두르지 않을 것이기 때문이다.

성당의 건축물은 탄생, 수난, 영광을 의미하는 3개의 파사드로 이루어져 있고 다시 그 파사드에 각각 4개의 첨탑이 세워져 있다. 그 12개의 탑은 12명의 사도를 의미한다고 했다. 우리 일행 중에는 성당에서 온 단체뿐만 아니라 가톨릭 신자들이 많았다. 그들은 모두 다 잘 알아듣고 맞장구도 잘 쳤다.

성당 앞으로 이동해 입장 순서를 기다렸다. 세계 각지에서 온 수많은 관광객으로 혼잡하다. 건물 중앙에 사이프러스 나무가 서 있다. 가톨릭에서는 천국 가는 나무로 통한단다. 성당 안으로 들어서니 분위기가 무척 경건하다.

가우디는 이 건축물을 어제 우리 일행이 들렀던 몬세라트 산의 동굴 속 종유석을 보고 영감을 얻어 설계한 것으로 전해지고 있다. 그런 천재 건축가를 둔 그들이 부럽고 훌륭한 건축물을 잘 보존 관리해 오늘에 이른 그들이 대단하다는 생각이 절로 들었다.

가우디 성당을 나와 가우디의 재기발랄한 아이디어가 빛나는 구엘공원에서 구경도 하고 휴식도 취하며 여행 마지막 날 오전 시간을 보냈다. 구엘공원은 바르셀로나 도심에서 조금 떨어진 곳에 있는데 가우디의 영감이 건축물 곳곳에 스며있어 더 유명한 곳이 된 것 같았다.

가우디가 이 공원을 설계하면서 구엘 중앙 계단을 오르는 길은 헨젤과 그레텔, 건축물의 다리들은 코끼리 다리에서 영감을 얻었다고 한다. 야자수 잎, 회오리바람, 타조 등 자연에서 얻은 모티브를 건축물에 응용했기 때문인지 친환경적이고 보기에도 편안했다.

구엘공원을 나와 가야금이라는 한식당에서 오랜만에 돼지고기볶음 점심으로 원기를 회복하고 바르셀로나 엘프라트 국제공항으로 향한다. 오후 3시 30분발 카타르 항공 QR 140편으로 카타르 수도 도하를 거쳐 7월 7일 오후 인천공항에 도착했다.

아디오스Adios 2014 여름 여행

2014년 6월 26일, 스페인 중부 마드리드에서 출발해, 유라시아 대륙 최서단 포르투갈 호카곶을 지나, 대서양을 우측에 끼고 남하를 계속해 스페인 세비야를 거쳐, 스페인 최남단 타리파에서 지브롤터 해협을 건너고, 북아프리카 모로코를 돌아, 다시 스페인 남부 알헤시라스에서 동부 그라나다와 바르셀로나까지 11박 12일, 비행시간 34시간, 차량 이동 거리만 4,200km, 만 리를 여행하고 돌아왔다.

부부가, 엄마와 딸이, 엄마와 아들이, 혹은 홀로 서울, 부산, 청주, 제주, 경주, 광주, 목포 등에서 모인 32명의 일행 모두 건강하게 여행을 마칠 수 있어 다행이다. 세련된 서울 아가씨 인솔자 김예은, 미술과 음악을 전공했다는 해박한 가이드 백인철, 유머 만점 멋쟁이 운전기사 호세. 2014 여름 여행의 기억은 이제 머지않아 추억이라는 이름의 또 다른 풍경으로 남게 될 것이다. 아디오스!

적도(赤道)를 넘어 그 낯선 풍경 속으로

순수와 자연의 나라, 호주 뉴질랜드를 가다

11월 21일 시드니, 그곳은 여름의 길목이었다. 블루마운틴으로 오르는 길은 보랏빛 자카란다가 신비로움을 더해주며 본격 여름이 왔음을 예고하고 있었다. 이제 막 봄빛이 사라지고 계절은 성하의 푸르름을 부르고 있었다. 그곳의 봄 색깔이 어떤 빛깔인지는 모르겠지만 우리 기준으로 생각한다면 가로수의 나뭇잎이 지금보다는 좀 더 옅은 연둣빛이었지 않았을까? 계절은 그렇게 우리와 정반대로 가고 있었다.

계절이 반대이듯이 문화와 풍습도 우리와는 거꾸로인 것이 많았다. 길거리의 자동차 핸들이 우측에 있고, 차 진행 방향은 좌측이고, 주택의 정원은 뒤쪽이다. 계절이 반대이다 보니 겨울이 우기이고, 남쪽이 더 춥다고 했다. 스위치의 온오프 위치도 우리와는 반대이고 자동차 매연 배출구인 머플러는 굴뚝처럼 하늘을 향해 있었다. 심지어 하수구 덮게까지도 우리와 달라 여행객을 당황하게 만든다.

이제 남존여비란 말은 우리에게 옛말이 된 지 오래지만 그곳은 아직 여존남비가 남아 있었다. 10년 전 뉴질랜드에서 가이드에게 들은 여존남비의 비유가 여전히 그곳에서 지금도 유효했다. 어린이, 노인, 여자, 개, 고양이 다음으로 남자였다. 그 순서대로 대우를 해준다는 얘기였다. 여성들의 천국, 개만도 못한 남자의 신세. 이런 말이 문득 생각났다. 개와 경주를 하지 마라. 이기면 개보다 더한 사람, 지면 개만도 못한 사람, 비기면 개 같은 사람. 괜히 가만히 있는 개를 가지고 노는 것 같아 개에게 미안하다.

이런 우스갯소리도 있었다. 그곳에서 남자는 4가지만 잘하면 편히 살 수 있다고 했다. 여자가 주는 대로 먹고, 시키는 대로 하고, 때리는 대로 맞고, 그리고 마지막으로는 돈 많이 벌어올 것. 물론 그곳의 사회상을 재미있게, 조금 과장되게 표현한 거라고 생각할 수 있지만 그렇게 기분 좋은 얘기는 아니었다.

뉴질랜드에서는 그런 얘기도 들었다. 이혼 세 번 하면 여자는 백만장자가 되고 남자는 거지가 된다고 했다. 위자료 등 여자에게 유리한 여러 제도가 새파랗게 살아 있어 이혼당하지 않으려면 여자를 떠받들 수밖에 없다고 하니 그곳에서 태어나지 않은 것만도 다행이라는 생각이다. 사랑하는 아내를 왕비 모시듯 하는 일이야 누가 탓하랴마는 쫓겨나지 않기 위해 숨죽여 살아야 한다면 그게 참다운 인간의 삶이라고 할 수 있겠는가. 요즘 세상에 남존여비, 여존남비라니. 남녀가 평등하고 서로의 인격이 중요하고, 부부는 정과 사랑으로 맺어져야 행복이라는 강가에 가장 가까이 다가설 수 있음을 그들은 진정 모르고 있다는 말인가. 새삼 우리나라 좋은 나라라는 생각이 든다.

9박 10일의 여정 시작되다

처음 시드니 국제공항에 도착해 화장실에서 여름옷으로 갈아입고(여행객 모두가 그랬다. 그게 여행의 시작이었다) 시내 관광에 나섰다. 하와이 와이키키 해변까지 모래를 수출해 모래알 좋기로 소문난 본다이 비치를 시작으로 오페라하우스와 하버 브리지를 한눈에 내려다 볼 수 있는 더들리페이지, 영화 빠삐용의 주인공 스티브 맥퀸이 최후 탈출을 시도한 절벽으로 유명한 갭팍gap park(우리 가이드가 그렇게 얘기했는데 사이판의 만세절벽이 빠삐용 촬영지라는 얘기도 있다). 사이판의 만세

절벽을 인터넷으로 본 적이 있는데 정말 갭곽과 똑같이 생겼다. 쏟아지는 햇살, 새하얀 뭉게구름, 절벽에 부딪치는 파도, 부서지는 물보라, 짙푸른 바다 건너 아스라한 수평선. 갭곽의 깎아지른 절벽의 스릴 넘치는 끝자락은 그리움 바로 그것이었다.

남태평양의 감동이 채 가시기도 전에 도착한 곳은 블루마운틴. 세상에서 가장 보존이 잘된 산이라고 그들은 자랑했다. 미 서부 그랜드캐니언이 남성적이라면 블루마운틴은 여성적이라고 할 수 있다. 블루마운틴이라고 불리는 이유는 그곳에 자생하고 있는 고무나무에서 발산되는 기름 성분의 알갱이 때문이라고 한다. 작은 기름방울 입자가 햇빛에 굴절되어 통과하면서 푸른빛 아지랑이가 되어 나타나는데 그로 인해 산 전체가 환상적인 푸른빛을 띤다고 한다. 절묘한 자연의 현상을 관광자원으로 잘 활용하고 있었다. 포트스테판의 4WD 사막 투어와 모래 썰매 타기, 돌핀 크루즈 모두 그들만의 자연을 테마관광으로 연계한 돋보이는 아이디어였다. 특히 시드니 오페라하우스에 인접해 있는 하버 브리지는 보는 관광을 넘어 체험 관광으로 수입을 올리고 있었다. 다리에서 통행세가 아닌 입장료를 받고 있었다. 1시간 줄을 서서 기다린 후 직접 다리 위를 걷는데 우리 돈으로 15만 원을 받는다고 했다. 우리가 부러워만 하고 있어야 하는지.

톰 크루즈 주연의 미션 임파서블 촬영지 중의 한곳인 Botany National Park 해변을 끝으로 시드니 2박 3일 일정을 마치고 뉴질랜드 남섬으로 향했다.

다시 시드니 국제공항. 분위기가 어수선하다. 입국 절차가 까다롭기로 유명한 뉴질랜드행 비행기 탑승 수속을 앞두고 모두 짐 챙기기에 분주하다. 국내 인터넷 및 여행사의 잘못된 정보로 인해 가져온 견과류 등을 내놓고 급조된 파티가 열렸다. 뉴질랜드엔 과일은 물론 땅콩껍데기 하나 가져갈 수 없다고 했다. 뉴질랜드 입국장에서 적발되면 크게 복잡해진다는 가이드의 말에 여행 중에 먹으려고 아껴두었던 것들을 내놓기 시작한다. 육포, 사과, 햄, 땅콩, 소주(병 수 제한이 있었다), 심지어 일행 중에 어떤 여학생은 포트스테판 사막에서 한 줌 살짝 담아온 모래까지 쓰레기통에 버려야 했다. 그리고 우리는 뉴질랜드 남섬 크라이스트처치행 항공기에 몸을 실었다.

끝없는 초원, 쏟아지는 햇살

크라이스트처치의 밤바람은 차가웠다. 10년 전에 뉴질랜드와 피지를 여행한 적이 있었는데 그때의 그 느낌 바로 그것이었다. 기분 좋은 차가움. 뉴질랜드는 이미 여름으로 접어들었지만 늦은 밤 기온은 쌀쌀했다. 그렇게 뉴질랜드 여행은 시작되고 있었다.

다음 날 아침 뉴질랜드 최고의 비경 밀퍼드 사운드를 향해 출발했다. 남섬 2박 3일 동안 1,600km를 여행할 거라고 했다. 우리 식으로 계산하면 4천 리다. 금수강산 3천 리보다 천 리를 더 달려야 한다. 가이드는 이 나라의 기후, 정치, 문화, 사회 등에 대해 얘기한다. 대부분 주급을 받고, 저축이 없으며, 주말을 전후해 수입의 대부분을 써버리기 때문에 월요일부터 수요일까지는 가게 문을 닫는 집이 많다고 했다. 노후 사회보장제도가 잘 돼 있기 때문에 저축의 필요성을 느끼지 않으며 저축할 돈도 없다고 했다.

가이드는 이런 얘기도 했다. 호주는 죄수 등이 세운 나라지만 뉴질랜드는 선교사가 세운 나라라고 자랑한다. 개척 당시 영국 정부는 호주로의 이주 희망자가 없어 죄수와 범법자 등에게 감옥 갈래? 호주 갈래? 이렇게 얘기했다고 한다. 그래서 만들어진 나라가 호주라는 것이다. 뉴질랜드와 호주는 조상부터가 다르다고 뉴질랜드 가이드는 열변을 토한다. 뉴질랜드와 호주는 형제의 나라라고 늘 얘기하지만 호주는 죄수들이 세운 나라라고 비하하고 호주에서는 뉴질랜드 사람의 별칭인 키위들을 촌놈이라고 애기한다. 그런데 뉴질랜드 영공은 호주 공군이 지켜주고 있다고 하니까 그들의 우정(?)이 부럽기도 하다.

뉴질랜드도 요즘 이민정책에 조금씩 변화가 일고 있다는 소식이다. 전체 인구 400만 명 중 80만을 차지하는 원주민 마오리족의 동태가 심상찮고 여기에 동양계 이민족까지 가세한다면 자칫 나라의 중요정책이 그들 뜻대로 되지 않을 수도 있다고 염려하기 때문이란다. 그래서 유색인종의 이민 요건이 무척 까다로워져 우리 이민은 갈수록 줄어들 거라고 했다.

외환위기 이후 어학연수 등 유학생의 수도 급감했다는 소식이다. 그리고 어학연수 등을 가능한 한 보내지 말라는 애기도 덧붙였다. 그들의 문화는 18세만 되면 부모로부터 독립해 집을 나오고 동거부터 시작한다고 했다. 그런 주변 분위기가 유학 실패의 전적인 원인은 아니겠지만 이런저런 이유로 유학 생활을 망치는 사례가 너무도 많다는 애기였다. 귀담아들을 내용이었다.

밀퍼드 사운드 가는 길은 멀고도 멀었다. 차창밖엔 끝없는 초원이 펼쳐져 있고 한가로이 풀을 뜯는 양들의 물결이 출렁이고 있었다. 뉴질랜드 사람들을 먹여 살리는 양은 5천만 마리 정도 된다고 했다. 교배기엔 수놈의 털에 빨강 파랑 페인트를 칠한 후 목장 안에서 기르기 때문에 암컷 엉덩이에 묻은 페인트로 짝짓기 여부를 확인하고 관리한다고 했다. 참 재미있는 발상이었다. 양 목축업의 손익분기점은 3천 마리라고 하는데 한 마리가 3만 원 정도 된다고 하니까 목장 부지를 제외하고도 대충 우리 돈으로 1억 정도는 있어야 양을 칠 수 있겠구나 하는 생각을 해봤다.

아침 9시에 관광버스로 크라이스트처치를 출발했는데 퀸스타운에 오후 6시에 도착했다. 9시간이 걸린 셈이다. 9시간 동안 뉴질랜드 남섬의 자연에 취해 있었다. 보랏빛, 핑크빛의 루핀이 지천으로 펴 있었고 우리 개나리와 비슷한 스카티시블름이 온 산야를 노랗게 물들이고 있었다. 황홀할 정도로 아름다웠다. 길 왼편으론 퀸스타운 와카티푸 호수에서 흘러내린 카와라우강이 소용돌이치고 있었다. 퀸스타운은 그 자체만으로도 유명한 관광지이지만 밀퍼드 사운드로 향하는 길목이기 때문에 매일 세계 각국의 여행객들로 붐비는 곳이다. 퀸스타운을 지나 태아나우까지 가 1박을 하고 뒷날 밀퍼드 사운드로 갈 예정이다. 태아나우는 밀퍼드 사운드 트래킹의 시작 지점으로도 유명하다. 퀸스타운에서 다시 몇 시간을 더 달려 밤늦게 태아나우에 도착했다. 그렇게 하루가 저물었다.

아침 일찍 태아나우 호텔을 출발, 다시 밀퍼드 사운드를 향한 긴 여정이 시작된다. 앨링턴 평원과 홀리포드 평원지역을 지나 거울 호수의 신비도 맛보았다. 2천 500m의 설산 스튜던트산과 크리스티나산을 배경으로 초원에서 기념촬영도 했다. 밀퍼드 사운드 가는 협곡은 스릴 넘쳤다. 구불구불 천 길 낭떠러지 버스 길이 이어졌고 설산에서는 만년설이 녹아 이곳저곳에서 폭포수 되어 흘러내리고 있었다.

20년 걸려 징과 곡괭이로만 완성했다는 1,270m 길이의 호머 터널도 지났다. 1934년 당시 금광에서 캐낸 금을 옮기기 위해 험난한 산악지대를 뚫어 건설했다는 호머 터널은 지금 뉴질랜드 관광 자원의 큰 몫을 하고 있었다. 터널 안에 전기시설을 작년에야 했다고 하니까 자연을 자연 그대로 보존하려는 그들의 노력에 탄성이 절로 나왔다. 양쪽 입구에 신호등이 설치돼 일방통행으로 차량이 지나고 있었다.

밀퍼드 사운드는 왕복 28km 1시간 40여 분 동안 피요르드 지형의 신비한 모습을 바라보며 유람하는 코스이다. 길고도 긴 여정 끝에 도착한 밀퍼드 사운드. 밀퍼드 사운드는 옛 모습 그대로였다. 95년에 갔을 땐 펭귄을 보았었는데 이번엔 돌고래의 자유로움과 물개의 여유만을 느끼고 돌아서야 했다.

이제 여정은 밀퍼드 사운드를 출발해 퀸스타운을 거쳐 다시 크라이스트처치까지 가는 긴 여행을 준비해야 한다. 이번에 뉴질랜드를 또 찾은 작은 이유 중의 하나는 퀸스타운 때문이기도 하다. 퀸스타운의 감동을 한 번 더 확인하고 싶었던 것이다.

10년 전, 퀸스타운은 동화 속의 작은 나라 바로 그곳이었다. 언덕 위에 하얀 집, 노랗고 빨간 집, 짙푸른 와카티푸 호수의 그 출렁거림. 중턱엔 색색의 꽃들이 만발하고 정상엔 만년설을 뒤집어쓴 리마커블산. 정말 그때 그 정경을 얼마나 자주 그리워해 왔던가. 그러나 10년이 지난 지금, 퀸스타운은 그때 그대로의 동화가 아니었다. 언덕 위에는 난개발로 집들이 빼곡히 들어서 있고 여기저기 공사장도 눈에 띄었다. 그러나 와카티푸 호수만은 지금도 그 맑디맑은 모습으로 석양의 노을을 물들이고 있었다.

퀸스타운을 지나 세계 최초의 카와라우 번지점프장을 보는 스릴도 잠시 일행은 남반구 최고봉이라는 마운틴쿡을 보기 위해 다시 설렘을 실은 버스 여행을 계속했다.

그리고 몇 시간 후 우리는 옥빛 푸카키호수에서 설산

3,754m의 마운틴쿡을 바라보는 감동에 오래도록 젖어 있었다.

연가의 섬 모코이아가 있는 곳

뉴질랜드 북섬 오클랜드. 밤 비행기로 크라이스트처치에서 출발해 도착한 곳이 뉴질랜드 최대 도시 오클랜드이다. 우리 일행은 유황온천의 도시 로토루아로 향한다. 적도를 중심으로 우리나라와 대칭점에 있는 나라, 세계에서 사회복지가 가장 잘 된 나라 중의 한 곳, 34개 각종 정부 수당 중 과부 수당이 유독 많다고 하는 특별한 나라, 순수 자연 그대로를 최고의 자부심과 자산으로 여기며 살아가는 나라.

1999년 뉴질랜드에서 APEC 정상회담이 열렸을 때 우리나라의 김대중 대통령은 나주 배를 가져갔고, 태국 국왕은 코끼리를 선물로 가져갔다고 한다. 우리는 팔아먹을 수 있는 실리외교를 펼쳤고 태국은 검역 문제 등으로 끝까지 뉴질랜드 정부에서 접수하기를 주저했던 코끼리를 우기다시피 가져갔다고 한다.

코끼리는 3개월여 동안 그동안 먹은 풀과 사료를 토하게 하고 코끼리 몸속에 들어 있는 모든 걸 배설케 하는 등

검역을 완벽히 마치고 들여갔다고 한다.

나주 배도 마찬가지이다. 흙, 농약 등 환경문제를 완벽히 해결한 후 3년이 지난 후부터 수입하기 시작했다는 후문이다. 심지어 올림픽에서 뉴질랜드 선수가 조정 첫 금메달을 땄는데도 나뭇잎으로 된 월계관을 국내로 가져가지 못했다고 한다. 그만큼 환경과 자연을 그들은 국가 최고의 자산으로 생각하고 있었다.

오클랜드에서 로토루아까지는 버스로 약 4시간. 중생대 식물이 많아 영화 〈반지의 제왕〉 촬영지 중의 하나인 마타마타 돈바트 농가를 지나 점심 무렵에야 로토루아에 도착했다. 도착 후 양털 깎기 쇼, 간헐천, 마오리 민속촌 등을 둘러보고 로토루아 호수로 나왔다.

거기엔 우리에게 '비바람이 치던 바다 잔잔해져 오면 그대 오시려나 저 바다 건너서'로 시작하는 노래, 연가의 배경이 된 모코이아(mokoia) 섬이 기다리고 있었다. 슬프디슬픈 연인의 사랑 이야기를 담고 있는 이 노래(Po-Kare-Kare)는 뉴질랜드 북섬에 전해져오는 민요였고, 우리에게는 호수에서 바다로 가사가 바뀐 채 불리고 있다는 사실을 알게 됐다. 로터루아 호수의 모코이아섬.

'밤하늘에 반짝이는 별빛도 아름답지만 사랑스런 그대 눈은 더욱 아름다워라. 그대만을 기다리니 내 사랑 영원히' 우리는 누가 먼저랄 것도 없이 조용히 '연가'를 따라 부르기 시작했다. 모코이아(mokoia)섬에 노을이 짙게 내리고 있었다.

9박 10일의 시드니와 뉴질랜드의 여정도 끝이 났다. 순수와 자연의 나라, 그 감동은 지금도 계속되고 있다.